Why Digital Matters?

“なぜ”デジタルなのか

プレジデント経営企画研究会 編

プレジデント社

序 章

日本型経営の「勝利の方程式」がなぜ通用しなくなったのか

20世紀最高のサッカー選手の一人とされるオランダ人、ヨハン・クライフ。監督としても数々の栄冠を手にした彼は、多くの名言を残しているが、その中のひとつにこれがある。

「選手ではなく、ボールを走らせろ。ボールは疲れない」

この名言をなぞって表現すれば、このデジタル時代に企業をリードするあなたが考えるべきことは、

「ヒトではなく、電子を走らせろ。電子は疲れない」

だ。そしてある意味、本書のテーマは、これがすべてと言ってもいい。

日本的経営の「勝利の方程式」がそのままアダに

「日本企業の強みは『ヒトの力』『現場力の強さ』にある」と、誰もが、当然のことのように口にする。それは製造業とサービス業、ブルーカラーとホワイトカラーを問わない。**実際、高度成長期から90年代半ばまでの40年にわたり、それは紛れもない事実だった。**

人口ボーナスのもと、大量に供給され続けた**日本人労働者の「優秀さ・勤勉さ」「長時間勤務も厭《いと》わない労働観」「在職期間の長さによるノウハウの蓄積」**を前提に、QC活動やカイゼンを奨励して現場社員に考えさせ、現場力を最大限に発揮させる。これこそが「日本的経営」の正解であり、日本を世界第二位の経済大国に押し上げた原動力、いわば世界最強の「勝利の方程式」であった。

そしてそれは、日本人のような労働力が確保できず、雇用の流動性も高い**欧米企業にとっては、まったく真似のできない成功モデル**だった。

ところが90年代後半～2000年代に入ると、ITやインターネットなど「デジタル」の能力の飛躍的な伸びとともに、**ヒトの代わりに電子、つまりソフトウェアに仕事をさせる**、ということが可能になってきた。

日本のように現場力に頼ることができない欧米の経営者にとって、これは非常に魅力的な選択肢だったはずだ。なにしろ**ヒトと違って、「電子は疲れない」**。それだけではない。**電子は間違えない、サボらない、ストライキをしない、賃上げを要求しない、退職しない……**。いったんきちんと導入してしまえば、その後は24時間365日、そして1年でも10年でも、動き続ける。

ちなみにあなたの会社でも、海外では、欧米企業と同じ状況のはずだ。日本人労働者の「現場力」に頼れない以上、次善の策に頼らざるをえないからだ。

むろん、人間のワークのすべてをデジタルが代替できるわけではない。ヒトとデジタルにはそれぞれ得意不得意がある。創造性や柔軟性などにおいてはヒトの優位は動かない。しかし、ことデジタルが得意とするタスク、とくにソフトウェアとしてルール化・定型化できる大半の業務については、もはやヒトに勝ち目があるはずもない。

こうしてヒトとデジタルが業務を分担して処理することで、90年代後半から徐々に全体最適を実現し、生産性を高めてきた欧米や新興国に対し、日本だけは様相が違った。

ＩＴ導入による効率化が「人員削減」とほぼ同義に扱われ、社会的な風当たりが非常に強かったこともあったが、何よりそれまで**40年以上にわたって「ヒトが走る経営」だけで成功を収めてきた日本企業は、それ以外の方法をほぼ顧慮すらしなかった。**デジタルに支援された欧米企業との競争激化によって現場にシワ寄せがいっても、社員が有能で勤勉なので、それに耐えることができてしまっていた。団塊世代の大量退職や少子高齢化に伴って人手不足と現場力の低下は少しずつ進行していたが、「何とかして、ヒトがさらに走る」以外の対応方法は検討されず、たとえば外国人労働者の導入などで補おうとした。

その結果、何が起きたか？

日本の「失われた25年」

マクロで見ると、この10年、いやバブル崩壊以降のほぼ27年にわたり、日本経済は低迷したままだ。図表1は、先進7カ国の名目GDPの対1990年比での伸び率を示したものだが、**この27年間にアメリカのGDPは3・2倍、ドイツは2・5倍、**フランスやイタリアでさえ2倍以上に成長しているのに対し、**日本は1・2倍、つまり、2割しか増えていない。**

この日本経済の停滞は、対2000年比の名目GDPの伸び率で見るといっそう鮮明になる（図表2）。この17年間に、**アメリカは1・89倍、ドイツが1・52倍、**イタリアですら1・37倍なのに対し、**日本は1・04倍。17年でたった4％しか増えていない**のだ。

図表1 ● 先進7カ国の名目GDPの伸び（1990＝1.0とした場合）

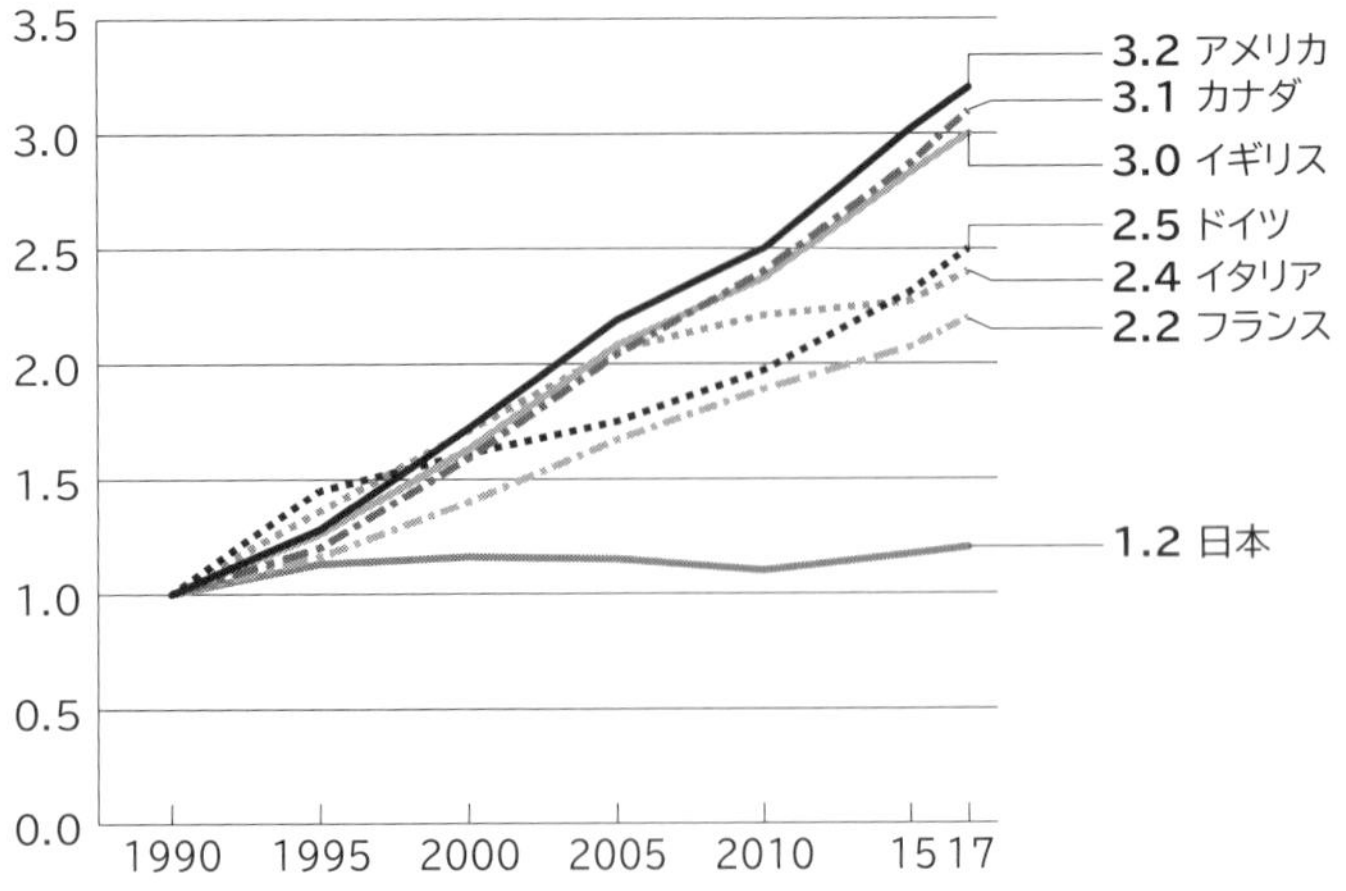

各国経済統計を基にSAP作成

図表2 ● 先進7カ国の名目GDPの伸び（2000＝1.00とした場合）

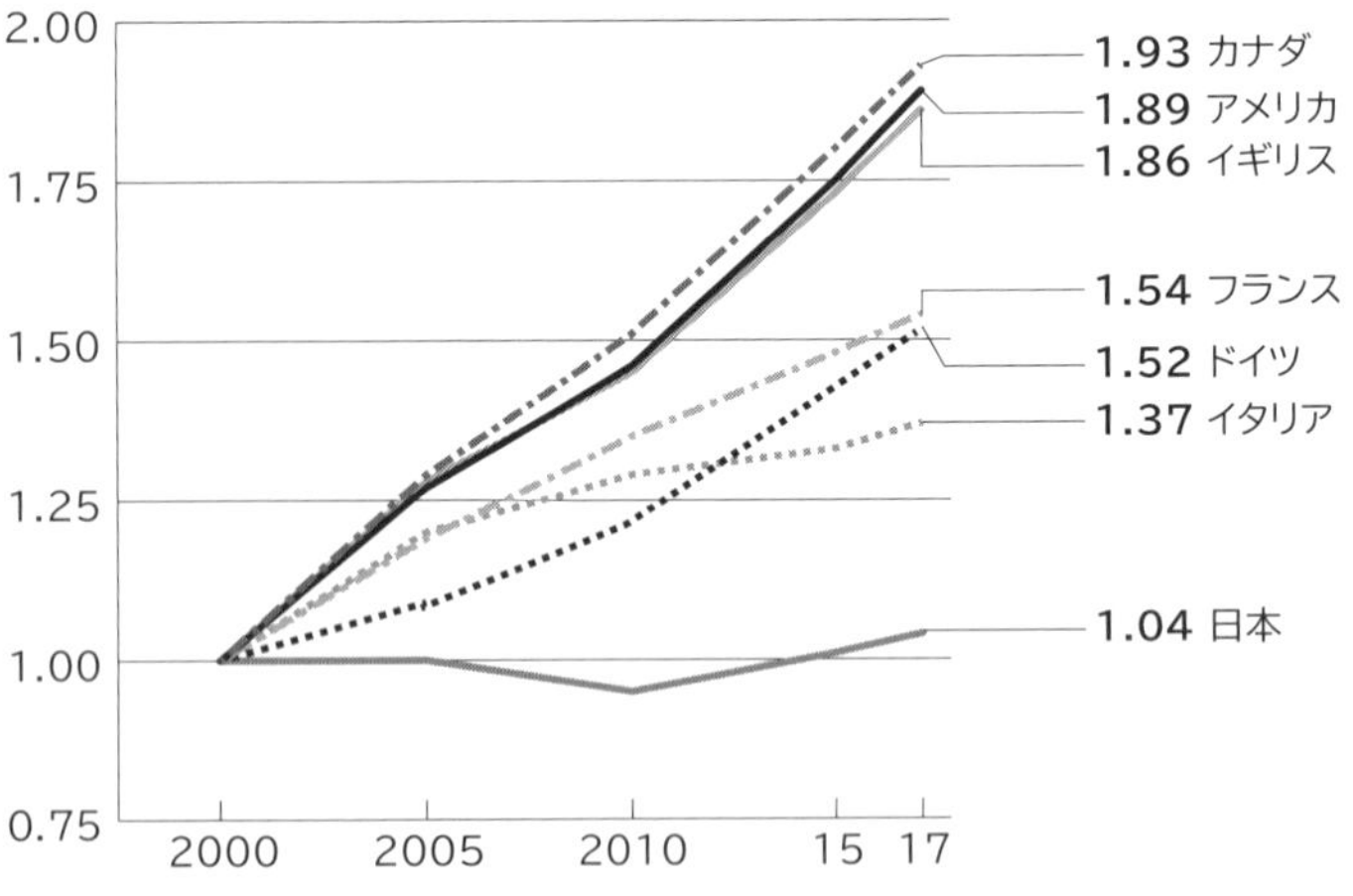

各国経済統計を基にSAP作成

この間、もちろん、新興国の成長は著しい。こちらはインフレ等を加味して実質GDPで比較すると、対2000年比の伸び率は**中国が4・5倍、インドが3・3倍、ロシア1・8倍。アメリカが1・4倍**に対し、**日本は1・15倍**だ。

そしてこの間、2000年に**世界2位**だった日本の国民一人あたりGDP（USドルベース）は、2017年**現在、世界25位**に沈んでいる。

日本だけが世界の経済成長から取り残されているのはなぜか？ いくつかの要因はあろうが、**かつて「ヒトを走らせる経営」があまりにうまくいっていたがゆえに、**「デジタル化」つまり「電子を走らせる」ことのインパクトの大きさを過小評価することになり、**結果としてデジタル・イノベーションに乗り遅れた**影響があるのは間違いない。欧米勢や新興国勢がこぞって「電子を走らせ」、ヒトの仕事を助けて生産性を伸ばしているのに対し、ヒトが奔走することで対抗するやり方を続けていては、苦しくなるのも当然といえよう。

そして今、**人手不足がますます深刻化するいっぽうで、「働き方改革」によって労働時間のさらなる削減が求められている。**この状況下、あなたの会社はどうしたらよいのだろうか？

少なくともひとつ、確実な解がある。「デジタル・イノベーション」、つまりヒトの代わりに電子を走らせ、ヒトが担っている業務の一部をデジタルに肩代わりさせることだ。なにも珍しい話ではない。欧米やアジアでは、15年以上前から常識となっていることである。日本だけが取り残されているのだ。

イノベーションには2種類ある

今、世の中で進行中の「イノベーション」には、2種類ある。「デジタル・イノベーション」と「それ以外のイノベーション」だ。

デジタル・イノベーションとは、**「自社の技術や事業」**に**「デジタルと総称される技術やデジタルを生かすアイデア」**を**掛け合わせて、**新たな価値を創出するものを指す。

オーストリア出身の経済学者、ヨーゼフ・シュンペーターは、かつて**「イノベーションとは新結合である」**と定義した。企業はさらなる競争力強化のため、それぞれの分野でのイノベーションにしのぎを削ってきた。製造業における「製品開発イノベーション」のみならず、製品の原料における「素材イノベーション」、さまざまな企業に取り入れられた「ビジネスモデル・イノベーション」など、あらゆる分野で企業努力が続けられてきている。

※イノベーションを「技術革新」と訳し、テクノロジーだけの話だと考えるのはほぼ誤りである、という認識が一般的になってきている。本書ではシュンペーターの原義に戻り、イノベーションとは「新結合」である、との理解に立つ。

こうしたイノベーションの中には当然、「デジタル」が絡むものと、絡まないものがある。その中から、なぜ「デジタル・イノベーション」だけを抜き出して論ずるのか、と疑問を持たれるかもしれない。

またデジタル・イノベーションだけが優れていて、それ以外のイノベーションは劣っている、と言いたいのでもない。たとえば素材イノベーションは、他の手段では到底実現できないような、大きな産業の発展をもたらす。

ただ、デジタル・イノベーションは、**それ以外の分野のイノベーションとの「掛け合わせ」ができる**。つまり従来の企業活動とは別の成長要素として、**既存事業との掛け算**で考えることができる。既存事業が強ければ、それだけ「積」としてのデジタル・イノベーションも強くなる。

またデジタル・イノベーションは、**短期間（1~3年）で、ほぼ確実に成果を出すことができる**、という特長がある。それを実現している事例も多数あり、しかもその「成功の方程式」がご丁寧にもパッケージ・ソフトウェアという形で市販されている。本書で説明するように、デジタルには「自社開発したら負け」という法則があり、世界中の企業が同じソフトウェアを使うことでコストメリットを享受している。日本企業だけがその流れを無視してきたが、逆にいえば**日本企業には改善の余地が大きく残されている**ということでもある。

ヒトが走るやり方でなお、今のポジションにいるあなたの会社は、「電子に走らせる」ことを覚えれば、つまりヒトの力とデジタルの力の組み合わせを享受すれば、大きく飛躍できる余地がある。あなたが本書を読み終わるころには、あなたの会社で取り組むべきことが何であるか、そのイメージがはっきりと湧いているはずだ。

本書の構成

本書はまず1章で、日本を代表する製造業であり、同時にデジタル・イノベーションの先駆者としても広く知られる**小松製作所（コマツ）**へのインタビューを紹介する。逆説的だが、KOMTRAXやスマートコンストラクション、LANDLOGといった広く知られた実践事例が、**実はコマツにとってはなんら〝特別な〟施策ではなく、コマツの徹底した顧客志向と改善へのこだわりの帰結であって、デジタルはその手段にすぎなかった**ことがおわかりいただけるだろう。そしてそれはあなたの会社にとっても、重要な示唆を含んでいることだろう。

2章では、ダイムラー、ケーザー・コンプレッサー、アマゾンなど幅広い業種のデジタル・イノベーション事例を通じて**「デジタル活用の十字フレームワーク」**を提示し、**企業がデジタル活用を考えるための「視点」**を解説する。業界の壁を越えた〝越境バトルロイヤル〟時代にあって、**あなたの会社にとっての「タテ軸」は何か？　そして満たすべき「顧客の真の欲求」とは何か？**を考えれば、進むべき道は自ずと見えてくるはずだ。

続く3章では、そうしたデジタル・イノベーションの原動力となっている**「デジタルの本質」**に対する理解を試みる。日本企業のデジタル・トランスフォーメーションをリードするあなたは、まず「デジタルとは何か？」を本質的に理解しなくてはならない。それがわかれば、**デジタルとフィジカルというまったく異なる2つの世界の「いいとこ取り」**をするにはどうしたらよいか？を見る目ができる。同時に、「やってはいけないことは何か？」を見る目もできる。

いっぽう4章では、ここ15年で世界をすっかり変えた**「デジタル」の波に取り残されてしまった日本企業の現状**を俯瞰する。あなたの会社がサボっていたわけではない。しかし高度成長期を支えた日本的経営の成功の方程式を見直すことなく、バブル崩壊からの立て直しに集中している間に、**海外の企業は「電子を走らせる経営」によって、日本よりずっと先を行ってしまった。**いまこそ、経営者の決断が求められている。

5章では、いま**世界のあらゆる業界・業種で起きている大競争、「デジタル・プラットフォーム構築」**について見ていく。**IoTによってフィジカル世界とデジタル世界が融合しつつある**現在、自社のデジタル化に留まらず、他社を巻き込んだエコシステムの構築こそが主戦場となりつつあるのだ。あなたの会社がデジタル時代の単なるデータ供出者となってしまうか、データを集めて価値を実現する側に回るか？〝一人勝ち構造〟のあるデジタル・プラットフォームでは、ここ数年の間に、決定的な差がついてしまうだろう。

6章では、デジタル・イノベーションの推進を考えるうえで大きな役割を果たす**「デザイン思考」**について概説する。この越境バトルロイヤル時代、従来からの、合理性に基づいて判断を下す**「ビジネス思考」と、顧客の欲求に軸足を置いて考える「デザイン思考」の「両利き」**こそが事業経営に不可欠となりつつある。あなたの会社はその準備ができているだろうか？

続く7章では、デザイン思考を活用して大企業病を克服しつつある独SAP社を題材として、**「大企業のイノベーションへの取り組み方」**をケーススタディする。90年代までに一世を風靡したあと、その**強すぎる既存事業ゆえにはまってしまった「イノベーションのジレンマ」**にSAPはどのように対処したのか？　〝3つのP〟などの実践的なフレームワークは、日本企業にとっても参考になるところが多いはずだ。

そして最後の8章では、**実際にデジタル施策に取り組むにあたっての留意点**をいくつか提示する。あなたの会社がこれから取り組まなければならないのは「現場の声を反映した、業務カイゼンのためのIT導入」ではない。日本企業だけがこれまで取り残されてきた**「電子を走らせることによって、現場社員の負荷を下げ、全体最適を実現する」という世界の常識**に追いつくことだ。そうすればあなたの会社は、ヒトの力と電子の力の合わせ技によって、再び世界トップを争う基盤が整うだろう。

本書はビジネスアプリケーション（企業向けソフトウェア）世界最大手である、独SAPの日本法人、SAPジャパンの全面的な協力のもと、多くの方へのインタビューを通じて構成した。

本書が、日本企業のリーダーたるみなさんにとって多くの「気づき」を与え、具体的なアクションを起こすにあたっての「指南書」となることを願う。

目次

3章 「デジタル」と「フィジカル」の本質的な違い

1章

コマツ LANDLOG

顧客課題、社会課題を解決する
オープンなデジタル・プラットフォーム

世界有数の建設機械メーカーである株式会社小松製作所（以下コマツ）は2017年10月、土木建設工事関連のさまざまなデータを集積・加工する**デジタル・プラットフォーム「LANDLOG」**（ランドログ）を開設した。工事現場の地表面の3次元マップ、建機の稼働状況などのデータを計測・蓄積し、それを用いるさまざまな業務アプリケーションを通じて、土木建設関連事業者に提供することで、建設工事全体の生産性を向上させるのが狙いだ。プラットフォームを運営するコマツの子会社、株式会社ランドログには、NTTドコモ、SAPジャパン、オプティムも出資、共同で事業を担っている。

LANDLOGは、コマツの取引先以外の事業者も利用できるという**「オープン型のプラットフォーム」**なのが大きな特徴だ。従来の建機メーカーの枠をはるかに超えた画期的な事業として、土木建設業界のみならず、経済界全体からも注目を集めている。

コマツが1999年に発表した**「KOMTRAX」**（コムトラックス）は、ネットを活用した建機の情報管理システムで、モノをネットでつないで効率的に運用するいわゆる「IoT」の先駆けになった。2015年には、ITとIoTを活用して工事の生産性を高めるサービス**「スマートコンストラクション」**をリリース。さらに、押し寄せるデジタル・イノベーションの波をにらみ、建設工事全体の生産性を向上させるべく、コマツが次の手として打ったのがLANDLOGだ。

LANDLOGはまさに、デジタル時代のビジネスモデルのひとつの手本といえるだろう。本章ではＬＡＮＤＬＯＧ誕生に至る背景、経緯から、新会社ランドログの設立後６カ月の進捗について、コマツ取締役・専務執行役員の黒本和憲氏、執行役員・スマートコンストラクション推進本部長の四家千佳史氏、株式会社ランドログ代表取締役社長の井川甲作氏にお話を伺った。

（注：インタビューは２０１８年２〜３月、役職等は当時）

IoTの先駆け、KOMTRAX

黒本 和憲（くろもと かずのり）氏
コマツ　取締役専務執行役員　ICTソリューション本部長。1980年コマツ入社。95年建機研究所第一グループGM、2000年システム開発センターIT開発グループGM、05年システム開発センター所長、06年開発本部建機エレクトロニクス事業部長、07年執行役員、08年AHS事業本部長、09年IT施工事業本部長、12年常務執行役員ICT事業本部長、13年取締役／マイニング事業本部長を兼任、14年ICTソリューション本部長、16年取締役専務執行役員。

起点は顧客の課題解決

――コマツさんといえば、なんといっても1999年に発表した「KOMTRAX」です。IoTという言葉が生まれるはるか以前から、世界に先駆けてIoTを活用してこられました。最初は、建機の盗難対策として始まったと聞きましたが。

はい。建機は夜間、工事現場に野ざらしの状態で置かれていることがほとんどです。現場には夜は誰もいませんし、盗もうと思えば比較的簡単だったのです。それで、日本では、「盗んだ建機を使ってATMごと現金を盗む」といった事件が相次ぎました。

それでGPS（人工衛星を利用して位置を確認するシステム）とリモートロック（遠隔操作でエンジンにカギをかける）の機能を付けました。建機の現在の所在地が正確にわかるようになり、盗まれたと判断したらコマツのセンターから信号を送ってエンジンが再度かからないようにする、といった仕組みを作りました。すると、コマツの建機は盗んでも使えないという評判が立ち、盗難が激減しました。

――なるほど、まずお客様の課題を解決するところから始まったのですね。

そうですね。そして通信機能が付いたので、さらにエンジンの稼働時間、燃料の残量、温度センサーや圧力センサーの値などもコマツのセンターに送る仕組みにしました。これがKOMTRAXの始まりです。

――コマツさんが他社に先駆けてKOMTRAXのようなデジタル施策を手掛けることができたのはなぜなんだろうと思っていたのですが。

弊社は1980年代の半ば、建設機械はもう成熟産業だということで、エレクトロニクスへ大幅にシフトした時期があるのです。神奈川県平塚市にある中央研究所でも建機の研究は一切しないことになりました。

当時、私は建機の開発部門にいましたが、開発部門としては困ってしまいましてね、独自に小さな研究所を持つことになりました。1990年5月のことです。当時は「建機ビジネスに未来はない」とまで言われるような環境でしたが、全国から約25名が集められてスタートしました。私もその一人です。さまざまな議論をするなかで、当時はGPSが登場したばかりでしたから、「これを使って何かおもしろいことができないか」というアイデアが出ました。そこで取り組んだのが、KOMTRAXであり、無人ダンプなのです。

その後、90年代の後半になると、会社の中に「やはりエレクトロニクスではダメだ」との雰囲気が出てきました。そして社長に就任した坂根（正弘氏、現相談役）が本業回帰へ舵を切ったのです。すると、今度はエレクトロニクス部門のエンジニアが余ってしまいました。で、その人たちが建機研究所の取り組みに参加することになり、KOMTRAXの端末やサーバーの開発に携わってくれるようになったわけです。世の中にないまったく新しいものを作ろうという話ですから、外部に発注できるわけもなく、自分たちで一から開発するしかありません。いま考えれば、タイミングよくその環境が整ったことになります。幸運でしたね。

――そして2001年からはKOMTRAXを貴社の建機の標準装備とし、無償で提供することに。

国内では2001年から、中国では2004年から、その後順次世界に広げてきました。

実のところ、**販売した後も機器の稼働状況が詳細にわかるというのは、お客様側にもコマツ側にも大きなメリットがある**のです。

建機は、頑丈にできてはいますが、強い力をかけて硬い地面を削ったり、土砂を持ち上げたりするので、どうしても故障しやすいものです。しかし１台の建機が止まると、その現場全体が止まってしまうということもあります。するとその日に来ている職人全員の人件費がムダになりますし、工程全体に遅れが出ます。つまりコマツ視点では単なる建機１台の故障でも、**お客様視点での経済的損失ははるかに大きい**という商品なのです。

したがってお客様からすると、何よりも「故障しない建機」、正確にいうと**「現場を止めない建機」**に対する要望が強い。それで、センサーを付けて機器の稼働状況を監視し、「不調があればサービスマンを派遣する」というＫＯＭＴＲＡＸの基本モデルは、お客様から大変喜ばれました。

――しかしコスト面ではかなりかかったのではありませんか？

はい。当時は、建機本体の販売価格のざっと２％、建機１０００万円につき20万円ほどのコスト増でした。当時、建機は不況で、コマツも創業以来の大赤字を出したところでしたので、そんな中で標準装備化を決断した当時の社長の坂根はすごかったと思います。

ＩｏＴ機能を有償のオプションとし、お客様にコストを負担していただくだけなら誰でもできます。でもそれでは少しずつしか広まりません。新しい機能のメリットは経験したお客様にしかわかりませんから。しかしメリットは必ずあると見切って標準装備としたことで、「コマツの建機は現場を止めない」との評判ができたのみならず、ビジネスモデル全体が変わりました。

ライフサイクルコストを収益機会として取り込む

——ビジネスモデルが変わった、とは、具体的には?

出荷した後の製品の「使われ方」が詳細に見えるようになったことで、**「製品を作って売る」だけでなく、売った後にも収益機会を持てるようになった**のです。

建機はいわゆる「ライフサイクルコスト」が高い製品です。耐用年数は10~20年と長いのですが、その間に燃料、オペレーターの人件費、点検・修理費、交換部品代などがかかり、製品の購入価格そのものより、それ以降のオペレーションコストのほうがずっと大きい。つまりお客様にとっては、建機の値段そのものより、それ以外のコストのほうがより大きく効いてきます。

——つまりお客様は、コマツに支払っている建機の代金よりも、ずっと多くの費用を誰かに払っている、というわけですね。

そうです。そこでKOMTRAXのデータを使えば、たとえばお客様に「この機器は8時間エンジンをかけていましたが、実際に稼働していたのは4時間です。アイドリング時間が長く、その分燃費が嵩んでいるので、それを改めるよう、現場を指導してください」といったアドバイスをすることができます。そうすれば、燃料代の節約につながります。

また建機は、突然壊れるわけではありません。温度が高いとか油圧が低いとか、なんらかの兆候が出ていても、それに対応せずに使い続けた結果、故障につながることが多いのです。でもオペレータにはその日に片付けるべき仕事がありますから、なかなか「作業を止めて修理しましょう」とは言えません。

でもそうした兆候を捉えたサービスマンが現場に行って、工事終了後の夜間に修理を済ませてしまえば、現場が止まることはありませんから、お客様からはすごく感謝されます。そしてそれはコマツにとっては、メーカー純正の修理部品の販売機会にもなります。

――なるほど、部品販売など、保守・メンテナンス事業にも寄与するんですね。

はい。とくに海外では純正品ではない、安い部品を修理に使うことが多い。しかしライフサイクルコストの大きな割合を占めるものですから、その販売機会を確保できればコマツや代理店にとってのメリットも非常に大きい。

いわゆる「プリペイド・ワランティ」、つまり定期保守と部品代がセットになったパッケージを事前に買っていただくことで、お客様は機械のメンテナンスを気にかけなくてよい、というサービスの販売も好調です。しかもこのワランティを付けてくださったお客様からのリピートオーダー率はそうでないお客様よりも高いとの数字もあり、ビジネスに好循環が起きています。

また**部品の在庫水準の適正化**にも効果がありました。交換部品は故障が起きたらすぐにお届けしなければなりませんが、それが販売されるまでは単なる在庫ですから、その水準は適正なレベルに抑えておきたい。また建機の部品は大きくて重く、お客様の現場は遠隔地にあることも多いので、「どの部品を、どの場所に、いくつ置いておくか」が重要です。以前は部品在庫が多すぎて資金を食っていたり、逆に部品がなく緊急輸送のための追加費用が発生したり、とムダが非常に多かった。

でもKOMTRAXのおかげで各機器の稼働状況が詳細にわかっていますから、各支店は**「ウチの管轄範囲では、この部品は向こう6カ月の間に8個もあれば十分だろう」といった予測をする**ことができます。

さらに、建機そのものの営業活動にも効果がありました。

――というと?

コマツや代理店の営業マンにしても、機械が順調に稼働している現場なら放っておきたいのが人情です。忙しい現場にただ顔を出しても面倒がられるだけですから。でもKOMTRAXのデータを持って、「この機械のこの部品をそろそろ交換したほうが」と説明できれば、現場は故障が起きたら大変ですから、**むしろ歓迎されるようになる**。この違いは大きいです。

また、KOMTRAXで、使用状況とメンテナンスの履歴がきちんと取れている建機は、中古市場でも高めの値段で売れます。したがって新しい建機を買うお客様は、イニシャルコストは**多少高めでも結局は安くつく**、ということでコマツの建機を指名してくださることが多いのです。

さらにいうと、新しい販売方法も得られました。とくに中国でのことですが、零細な土建業者は建機を購入しようにも、銀行から融資を受けるのもなかなか難しい。でもＫＯＭＴＲＡＸがついているコマツの建機であれば、**稼働状況が見えるし、担保物件である建機が行方不明になることもなく、銀行としても融資が付けやすい**ので、零細業者にも建機を売りやすくなったのです。

――さらに、需要予測までしておられるそうですね？

現在ＫＯＭＴＲＡＸに接続されている建機は46万台超（２０１７年8月末時点）ありますが、これらをマクロで見れば、各地における建機の需要がある程度予測できます。たとえば中国のある地域で、「これまでは活発に工事が行われていたのがぱったりと止まった」などということがわかるので、「これはおかしい、今後の販売計画は低く見積もったほうがよい」といった経営判断ができるわけです。

すべての基礎にあるのは「ブランドマネジメント」

――多くの日本企業、とくに製造業は、歴史と蓄積のある既存事業と「ものづくり」へのこだわりが強く、その分、デジタル時代の「第４次産業革命」への対応に苦労しているように見えます。そんな中、なぜコマツはこのように対応することができているのだと思われますか？

コマツの経営理念「コマツウェイ」の中核のひとつである**「ブランドマネジメント」**が大きいと思

います。

ブランドマネジメント、という言葉だけだとわかりにくいと思うので説明します。これは何かというと、世界中の主要な代理店の社長が、自分の担当領域内の主要なお客様のところに行き、その社長と会って、「あなたのビジョン、ミッション、ゴールは何ですか」と聞く。それも一遍じゃ出てこないから何回も行って聞く。そしてビジョン、ミッション、ゴールが出てきたら、それに対してコミットする。「あなたのゴールに一緒になって取り組みます」と。具体的な数値を出すなりして目標を設定して取り組む。そういう活動を世界中でやり続けているのです。商売抜き、経済原理抜きでね。うそみたいな話に聞こえるかもしれませんが、弊社はこの活動を世界中で、極めて強力に進めているのです。

それは何故かというと、**コマツの「目線」を、商品目線から顧客目線に変えようとしている**のですね。お客様との接点である代理店を通じて、コマツという会社本体の目線を、変えようとしているのです。

――なるほど、これはすごく興味深い話ですね。それがコマツのブランドだ、ということですね。

はい。**コマツも、もともと、歴史あるものづくりの会社です。とにかく品質、品質、品質、そして現場、現場、現場。**そういうマインド、ロジカルに問題を深掘りして解決し、改善していくっていうカルチャーは、ものすごくあります。

でもブランドマネジメントのような活動を通じて、「自社の工場の現場」から「お客様の現場」に、うまくマインドをシフトできたのだと思います。Boots on the ground（現場に足を運べ）という言葉がありますよね。コマツの社員は、とにかく長靴が大好きです。お客様の現場の問題を直視し、解析し、解決することが、コマツのカルチャーになったのです。会社のトップからボトムに至るまでのフィロソフィー、価値観として、「お客様の現場を改善しよう」という意識はとても強いです。KOMTRAXも、その後のIoT的なビジネスモデルも、それにうまく乗れたのだと思いますね。

——改善をしようとしたときに、IoTであったりデジタルであったりという手段が出てきたら、いいね、やろうよということになるのは、コマツにとってはある意味、自然な流れであると。

自然な流れですね。おもしろいことに、われわれの**工場の中の生産現場とお客様の土木施工の現場は、そのネイチャー（原理）においては同じ**、「ものづくり」なのです。土を動かすというのは、工場から見ると切削です。土の表面をたたく、これは表面処理です。現場にいろんなものを設置する、あるいはブロックを積む、これは組み立て作業です。だから切削のクオリティーだとか、効率化だとか、アセンブルの全体のコーディネーションだとか、われわれが工場の中の「ものづくり」で取り組んでいる、ちょっとでもいい生産性を、ちょっとでも安全なプロセスをというマインドと方法論がお客様の現場でも使えたりするのです。

だから私は、日本の製造業にはものすごいチャンスがあると思います。そういうマインドは同じですから、あとはちょっと、視点を変えるだけ、ですよね。

スマートコンストラクション

四家千佳史（しけ ちかし）氏
コマツ 執行役員スマートコンストラクション推進本部長。1968年福島県生まれ。97年にビッグレンタル（建設機械レンタル業）を創業。08年社員数700名までに成長した同社とコマツレンタル（コマツ100％出資）が経営統合、同社代表取締役社長に就任。15年1月にコマツ執行役員スマートコンストラクション推進本部長兼コマツレンタル代表取締役会長に就任。17年10月より、株式会社ランドログ代表取締役会長を兼務。

国内建設業界の構造的課題

――コマツさんは2015年、「スマートコンストラクション」というソリューション事業の構想を発表されましたね。どのような背景があったのでしょう?

日本国内でいうと、コマツの建機の主要販売先である建設業界が抱える構造的な課題は、深刻な人手不足です。現在は東京オリンピックに向け、国内の建設業界は活況で、人手不足が深刻です。しかし実は「人手不足」は、２０２０年までの一時的な話ではないのです。

コマツの直接の顧客である建設事業の従事者は高齢化が進んでおり、その34%が55歳以上で、今後10年でこのほとんどの方が引退してしまうと見込まれています。いっぽうで全産業で労働力不足の状況であり、建設業界には、若い世代が多く入ってくる状況にもない。つまり、工事があっても、それをやるヒト（労働力）がいなくなるのです。3分の1も人手が減る状況を放っておけば、社会インフラの保守・維持だけでなく、災害時の復旧、復興工事への対応もできなくなる。これは社会全体の課題です。これを解決するには、より少ない人数でより多くの工事をこなせるよう、一人あたりの労働生産性を上げるしかありません。

――なるほど。生産性を大きく改善する必要に迫られているのですね。

はい。でも生産性を上げるためには、まずお客様の生産活動を見える化しなければなりません。工場であればすでに機械に数多くのセンサーがついていますが、現場にある機械や土などの材料にはついていません。そこで現場を可視化するための技術を探すことから始めました。ドローンで現況を測量する技術を見つけてきたり、ステレオカメラを建機につけたり、ＧＰＳなどから得た情報で建機の位置を計算し、建機の状態と作業機刃先の角度を組み合わせて「今どこを掘削しているのか、どのような仕上がりになっているのか」がわかるようにしたり。

これらをＩＣＴ建機と組み合わせ、ソリューションサービスとして、２０１５年1月、「スマートコンストラクション」という名称で発表しました。ＩＣＴ建機とは、ＧＰＳなどの情報から位置を計算し、３次元の設計データに向かって自動、半自動で制御するもので、クラウドにもネットでつながっています。

土木工事では、まず現況を測量してから、「設計図面」と現況を比較して、どの箇所をどのくらい削るのか、あるいは盛り土をするのかを決めます。また「設計図面」から、現場で仕上がり面の高さに水平に糸や板を張り（これを丁張《ちょうは》りといいます）、その高さと同じになるように細心の注意を払いながら、建機に取り付けたバケット（土砂を掘るショベル部分）を動かす、という操作が必要でした。

正確に施工を行うためにはバケットの操作だけではなく、作業を行う足場を平らに仕上げるという作業も必要です。バケットの刃先の動きを調整して面を平らに仕上げるには熟練が必要で、５～10年の経験が必要とされています。足場が平らでないと成形面に正対して作業を行う事ができず、さらに運転が難しくなります。

また実際には、丁張りの高さの通りに正しく削れているかは横から見なければわからないので、補助作業員が横に立って確認と合図をしなければなりません。しかしバケットのすぐ横に立つことになりますから危険が伴います。

ところがＩＣＴ建機では、３次元の設計データを建機に搭載したコンピューターにダウンロードしておけば、建機がその図面通りに、〝勝手に〟コントロールしていきます。オペレーターは乗っていて、レバーを操作しますが、その刃先の微妙な調整はＩＣＴ建機が自動的に行います。

――すごいですね、クルマでいう自動運転車みたいなものですね。

半自動運転に近いイメージですね。オペレーターは乗っていて、周囲の安全を確保するように注意しながら建機を操作します。完全自動ではありませんが、難しい操作は建機がアシストしてくれます。ですから熟練の運転手の技を、初心者でも再現できます。実際、コマツのＷｅｂサイトには、建機を操作した経験が全くない、普段はデスクワークをしている女子社員が、たった３日間の講習だけで建機を乗りこなしている、という動画があります。

それにＩＣＴ建機ならそもそも丁張りする作業も不要になりますし、横で見張る補助員も不要ですから安全性も向上します。

ただし**スマートコンストラクションの本質的な価値は、ＩＣＴ建機という「モノ」の話ではありません**。ＩＣＴ建機は建設工事に関与する「モノ」のひとつにすぎません。「モノ」の機能を提供するのではなく、モノが関与する工事、「コト」の最適化を、さまざまなサービスと一体で提供することによって、お客様に本当のメリットをお届けすることができるのです。

つまりコマツが**モノづくり製造業から、工期短縮とコストダウンを実現するコトづくり事業者にな**

つたということです。

ドローンとAIによる高精度な測量

――コトづくりとは、具体的には?

たとえば、測量です。土木工事の生産性のカナメは測量にあります。

たとえば傾斜地を宅地として造成する場合、高い部分の土を削って、その土を低い部分に埋めます。その時発生する削る部分（切土《きりど》）と埋める部分（盛土《もりど》）の土量のバランスが0になるように計画をして作業をするのが一番効率がよい方法ですよね。もし切土と盛土が同じ量にならなければ、足りない土をどこかから持ってきたり、余った土を捨てに行ったりしなくてはなりません。

したがって、図面を引く前の段階で、正確な測量ができていることが望ましいのですが、これが簡単ではありません。

たとえば少し大きな現場では、数千カ所の高さを計測し、そこから土量を計算するのに3人がかりで1週間かかります。樹や草が生えていたり、起伏の変化が複雑な現場ですとさらに精度が下がり、プラスマイナス20%くらいの誤差が出る場合もあります。

そしてその土量の誤差20%というのが、たとえばダンプトラック換算で600台分もの差になったりするわけです。ダンプ600台の土だと、運び出すだけでも何日もかかるし、当然その分、費用もかかる。

工期とコストを圧縮して生産性を上げようとしているのに、2割もの土量の誤差があるのでは、なかなか難しいものがあります。

――そこでドローンという、文字通りの「飛び道具」の登場ですね。

ドローンを飛ばして計測させると、3人で1週間かかった現場が、たった15分の飛行とコンピューターによる3次元の画像処理で、数百万カ所もの点を計測し、詳細な3D図面を作ることができるのです。

正確な土量が計算できれば、切土と盛土の量もわかりますし、それを施工するのに必要な建機の台数なども推測できます。

それで、ドローンを飛ばしての測量データの取得、3次元図面の作成、それと施工図面を重ね合わせての切土・盛土の量の推定、それに基づいた建機の台数の計算と施工計画の作成など、お客様の作業を一貫してご支援する一連のサービスを開発しました。これが**スマートコンストラクション**です。

――ドローンを製造・販売するわけではなく、「ドローン測量サービス」を開始した、ということですね？

そうです。コマツがドローンというハードウェアを製造することはお客様が望んでいることではありません。すでに飛んでいるドローンが世の中にあるのですから。それがコマツ製かどうかは、コトづくり事業者としては関係ありません。

ですので、ドローンおよびそれで撮った画像を処理する技術は、シリコンバレーのベンチャー企業と組んで開発しています。地形の把握の精度は圧倒的に向上しました。

事業を自ら破壊しつつ、社会的役割を果たす

――スマートコンストラクションで生産性が高まると、コマツにとってはその分、販売に影響が出るのではないでしょうか。

その通りです。生産性が2倍になれば、最終的には、建機の半分が必要なくなるでしょう。現在、建機は、レンタルの場合、年間に８００時間程度しか動いていません。現場の稼働時間は年間２４０0時間（一日8時間×週6日×50週）程度ですから、その3分の1しか稼働していないのです。今後、たとえばシェアリングのような仕組みが出てきたり、弊社のように工期を短縮する工夫をしていくと、さらに稼働時間が短くなりますから、国内市場にあるストック台数はどんどん減っていくでしょう。

つまり、コマツは自ら商売を破壊していることになります。弊社の野路（國夫氏、取締役会長）は「私たちは自ら破壊し創造していく」と言っていますが、まさにその通りです。

――普通の会社であれば、「売り上げが下がることをなぜやるのか」と激論が起きそうですが。

もともとスマートコンストラクションを始めるとき、私が大橋（徹二氏、代表取締役社長兼ＣＥＯ）から言われたのは、**「これはお客様である日本の建設業が抱えている課題解決であり、イコール社会問題の解決だ」**という言葉です。テーマが初めから非常に社会性のあるものだったのです。

スマートコンストラクションは、コマツが単独で先行していたがゆえに、コマツが独占して囲い込んでいくための方策だと思われていることもあるようなのですが、**もともとコンセプトは社会問題、お客様の課題を解決しよう**というところからスタートしているのです。

――なるほど。だからこそ、建機というものづくりだけでなく、建設工事全体の生産性に自然に目が向く流れになったのですね。

はい。コマツの建機が関わっている工程だけを考えていては、お客様にとってのメリットは限られます。

現場全体、工事全体の生産性を上げようとするのなら、全体のデータが集まり、それを活用して工程全体を最適化するようなプラットフォームを作らなければ実現できない。**コマツだけ、建機だけでは実現できない**のです。

――なるほど、それで、ＬＡＮＤＬＯＧ設立につながるのですね。

はい。ではここから先は、ＬＡＮＤＬＯＧ社長の井川にバトンタッチします。

LANDLOG

井川 甲作（いがわ こうさく）氏

株式会社ランドログ 代表取締役社長。2000年東京工業大学工学部情報工学科卒業。同年、日本ブーズ・アレン・アンド・ハミルトン（現PwC Strategy&）入社。その後、ITコンサルティング、国内企業IT部門長を経て、2017年コマツ入社、ランドログ代表取締役社長に就任。

土木建設工事を「3D地形図の変遷」と捉える

——まずLANDLOGが目指していること、実現しようとしていることについてお聞かせいただけますか。

土木建設工事とは、突き詰めれば、今ある地形、土のカタチに手を加えて人間社会にとって望ましいカタチに変える、という営みです。「Before」があって、「工事」というプロセスを通じて、「After」に変える。もちろん、土を動かした後、さらに表面を舗装したり建物を建てたりするわけですが。

ここで、土木におけるＢｅｆｏｒｅとＡｆｔｅｒは、「地形・土の３Ｄデータ」として表現できます。そして工事の生産性を上げるとは、ＢｅｆｏｒｅをＡｆｔｅｒに変えるのに必要なプロセスのやり方を工夫して、より安全に、より短い時間、より少ない人数と機材、より少ないコストで終わらせるための工夫です。

実はこの点では、一般の製造業と土木建設業は同じなのです。コマツ自身も製造業ですが、製造業とは、原材料（Ｂｅｆｏｒｅ）を投入して、完成品（Ａｆｔｅｒ）に変える。その間の営みです。

――なるほど。

ところが、製造業と土木建設業とでは、その生産性や業務効率にはものすごく差があります。日本の製造業の生産性は世界屈指の高さですよね。コマツの工場でも業務改善活動が脈々と続けられ、ＩＴやＩｏＴも活用して、科学的アプローチによる工夫が日々行われています。

いっぽう土木建設業では、ＩＴ化がほとんど進んでいません。なぜかというと、土木建設業では、作るものや作る場所が毎回違う〝一品もの〟ゆえに、統一的な改善の努力が難しかったということがあるでしょう。「計測できなければ改善できない」という言葉がありますが、現場は毎回違うので、それらを統一的・定量的に計測し、比較して改善点を見つけるというアプローチが難しかったのです。

また工程ごとに専門化が進んでおり、工事の進捗に伴って業者が入れ替わっていくので、全体を俯瞰して生産性を改善することが難しい業態である、ということもあります。このあたりは製造業とは対照的ですね。

しかしついに、土木建設工事においても、BeforeもAfterも、その間にあるプロセスも、デジタルの技術によって計測し、蓄積し、比較し、改善の余地を見つけられる時代が来ました。ですから、LANDLOGは、ある意味では土木建設業を見える化し計測可能にして、一般の製造業のように改善可能にするという活動だと表現できるかもしれません。

LANDLOGは「デジタル・プラットフォーム」

――なるほど。では、LANDLOGとは、ずばり、何ですか？

LANDLOGは、土木・建設工事に関するあらゆるデータを蓄積・加工して提供する、オープンなIoTデジタル・プラットフォームです。図表3をご覧ください。

まず左側にあるのが、データの発生源となる現場です。次のようなデータが蓄積されていきます。

- 「土」のデータ――ドローンを飛ばして計測した現況、ICT建機で削り出した施工後の地表面、移動させた土量など。
- 「動き」のデータ――土を移動させるのに建機やダンプがどのくらい動いたか、それにかかった作業時間やヒトの労働時間、燃料消費量など。

図表3 ● オープンなIoTデジタル・プラットフォーム「LANDLOG」

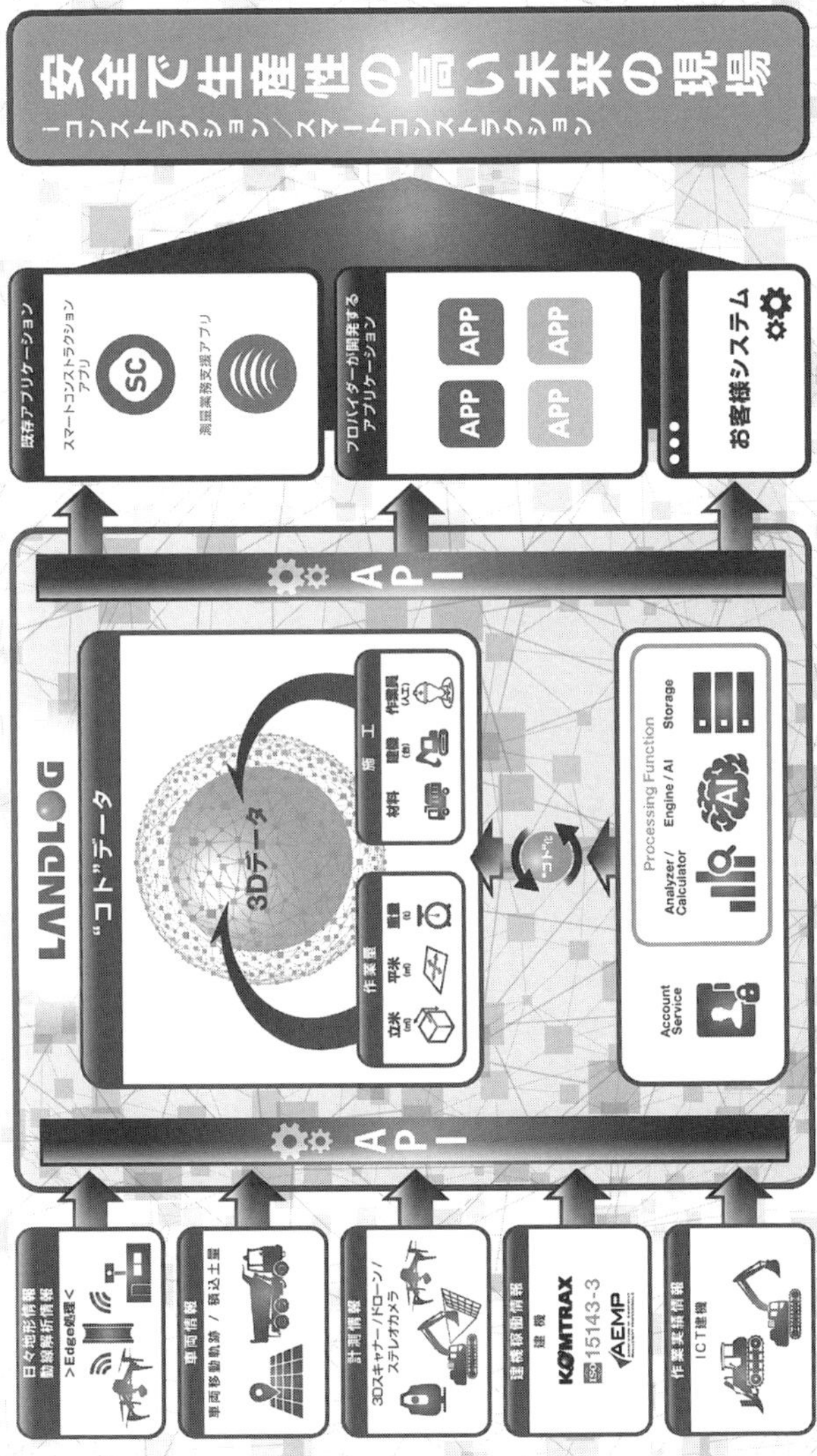

こうしたデータが、中央にあるLANDLOGのデジタル・プラットフォームに蓄積されていきます。ただデータをためるだけでなく、後からデータを使いやすいよう、一定の処理も行います。

そしてそのデータを使って処理をし、右端にいる最終顧客に対して価値を提供するのが、右側の「アプリケーション」群です。

――KOMTRAXとはどういう関係ですか？

KOMTRAXはこの図の左側、「データ発生源」のひとつです。建機それ自体がデータを生成し、それがLANDLOGに蓄積されていきます。

――それ以外には、どのようなデータを集めるのですか？

まずコマツの「エブリデイドローン」で計測した地面の現況の3次元マップ。他にはスマホを利用した位置情報、燃料情報などが現時点では取得可能です。将来的には、一日の工事で土を移動させるのに必要だった建機やダンプ、その他の作業の工数などのデータを現場から集め、大量に蓄積して分析することで「この手の工事にはどのくらいの建機・人手・期間が必要だ」ということがわかるようになります。

もちろん、データを蓄積するからには、その「アクセス管理」が極めて重要です。データがLANDLOGに蓄積されているにしても、それがお客様の現場から取られた、いわばお客様のプライバシーに関わるデータであることには変わりありません。**したがって、データを誰には見せて、誰には見**

せないか、というアクセス管理は、契約に基づいて完全に実施できなければなりません。オープンなプラットフォームであればこそ、そうした「信頼性」はますます重要になります。

LANDLOGはオープン

――スマートコンストラクションとの違いは何ですか？

スマートコンストラクションは、ＬＡＮＤＬＯＧの中核です。スマートコンストラクションで構築したデジタルなプラットフォームを、オープン化して、コマツのＩＣＴ建機の周辺に限らず、工事全体を対象としていこうとしているのがＬＡＮＤＬＯＧです。

現場の機器がすべてコマツ製ではない以上、オープン化は必至です。オープン化されたプラットフォームとは、希望するプレイヤーなら誰でも参加できるということ。コマツの建機が使われている、いないにかかわらず、土木・建設工事に関するあらゆるデータを扱います。

――でもそれは、「敵に塩を送る」ことになりませんか？

ＬＡＮＤＬＯＧにとっては、「敵」はいません。基本的には機械メーカー、アプリベンダーとオープンに関係性を持ちたいと考えています。さきほど申し上げたように、土木建設業界全体が今、生産性を大幅に上げなければならない状況にあるわけです。でもコマツが現場のすべての機器を手掛けているわけではない以上、コマツだけで生産性を上げることはできない。「小異を捨てて大同につく」必要があるわけです。なので、コマツから切り離した、LANDLOGを運営するための別会社を作ったのです。

——なぜSAPやNTTドコモ、オプティムと組むことにしたのですか？

オープンプラットフォームの子会社を作る、といっても、それをコマツの人間だけで作ったのでは、どうしてもコマツ色が出てしまいます。やはりプラットフォームのオープン化を推進するなら、人材からしてオープンにし、「（製造業である）コマツの常識」だけでなく「デジタル・プラットフォームの常識」と組み合わせて進めなければなりません。それで、お付き合いのあった3社さんにお声がけしたのです。

SAPさんについて言えば、世界中に顧客を持つグローバルなIT企業だということに加えて、**デザイン思考（6章を参照）を活用したプラットフォームづくりのノウハウ**に期待しています。

デザイン思考については、コマツの大橋や四家が、SAPさんのパロアルトの開発拠点を訪問させていただいた際に、ピンときたようです。モノづくり製造業が、対面にいる直接のお客様だけでなくその先、**「客の客の客」まで考えたエコシステム**を作るには、この考え方しかない、と。

「多様なプレイヤーが集まり、トータルでお客様に価値を提供する」というプラットフォームビジネスの構築において、デザイン思考は大きな力を発揮するものと思っています。多数の企業が参加するわけですから、放っておけば必ず利害がぶつかるはずです。あるサービスから10の利益が上がったとして、「それをどう配分するか、その利害をどう調整するか?」という問題を解決するには、「お客様視点」に立つ以外ありません。

コマツの直接のお客様は建設会社ですが、LANDLOGのお客様は最終顧客である発注者、さらに言えば社会全体です。お客様の視点、もっと言うと「社会」の視点で、「どうしたら最適なサービスが作れるか?」という問題を解くのに、デザイン思考は力を発揮してくれるものと思っています。

またLANDLOGはもちろん国内だけでなく、海外市場にも出ていきたい。したがってプラットフォームもグローバル対応したものである必要があります。さらにLANDLOGはB2Bのプラットフォームです。最終顧客も、参加するプレイヤーもみな企業ですから、世界の大企業のほとんどを顧客とするSAPさんと組むのは大きなメリットがあります。

NTTドコモさんについては、いまさら言うまでもありませんが、通信業界のトッププレイヤーであり、技術面・営業面の両方で圧倒的な力をお持ちです。コマツとは5Gネットワークを使って建機を離れたところから遠隔操作する技術を共同開発いただいています。またわれわれはB2B専業ですから、全国の大小ほぼすべての法人とお付き合いのあるドコモさんの営業力にはとくに助けられています。

またオプティムさんは、一部上場企業ではありますが、動きとしてはスタートアップに近い感じです。とにかくスピードが速いし、技術力も高い。かなりのスピード感で結果を出してきますので、それをお客様に見せることができる。そして、お客様の反応をフィードバックして、短いサイクルでPDCAを回すことができます。その部分を高く評価しています。

――ソリューションの具体例はありますか？

今現在は、スマートコンストラクションがLANDLOGと連携しており、そのほか数件のアプリが提供されている程度です。ただ、PoC段階で開発中のものも増えており、来年度には、10を超えるアプリケーションがリリースできる予定です。

また、ダンプトラックを効率的に配車するアプリ「トラックビジョン」（Truck Vision）もリリース予定です。現場における生産性において、大きなボトルネックになっているのは、ダンプの配車なのです。土を掘ってダンプに積む油圧ショベルは、1台で1日400㎥の土を動かすことができます。ところがダンプは、1台1回あたり、6㎥の土しか運べない。単純計算すると、油圧ショベル1台に対し、ダンプ66台分です。土を運んでいく距離にもよりますが、仮に1日6往復できる距離だったとすると、ダンプは11台必要ということになります。あの巨大なダンプが11台も、切れ目なく6往復して、やっとトントンということです。もし少しでも遅れが出れば、その分油圧ショベルが遊んでしまい、1日では終わらなくなるわけです。

ダンプはコマツの製品ではありません（コマツは鉱山向けの超大型機などは作っていますが、日本の一般公道を走るようなダンプは作っていません）。でも、ダンプの運用効率を上げなければ、結局、建機も余ってしまう。そこで、トラックビジョンによって、ダンプの運用効率を上げることを考えたのです。

顧客、現場の反応は

――17年10月の立ち上げから6カ月たちましたが、ここまでのところ、どうですか？

われわれの予想以上にご興味を持っていただいており、多種多様な業界からの問い合わせをいただいています。

直接会話させていただいた企業はすでに400社を超え、年会費10万円の「LANDLOGパートナー」に入会いただいた企業だけで41社いらっしゃいます。金融あるいは保険、デバイスを作っている会社など、建機とは直接関係がなかった業界からもお問い合わせが来ています。少し期待先行のところもありますが、こんなデータが取得できたら、これまでの業務がまったく変わる、という部分が多くあります。

――コマツの直接の顧客である、建設会社さんの反響はどうですか？

どちらかというと、人材確保の面での期待が大きいようです。スマートコンストラクションのときもそうだったんですが、これまで5年、10年と修業しなければやれないとされた工事が、入社早々の若手にもできるとなれば、その分、若い人がこの業界に入りやすくなります。
また、「現場のこんな困りごとを解決するアプリを作ってほしい」といった具体的な要望も多く聞こえてきていますね。とにかくこれまで、ITを使った効率化などがほとんど行われていない業界だったので、その分、改善の余地がたくさん残っていると考えています。

——具体例はありますか？

生産性が低い大きな原因のひとつは、移動時間や待ち時間が長いことにあります。現場はクルマで1〜2時間離れていることもよくあるので、ただ現況をちょっと見て確認したいだけでも、往復に半日つぶれてしまいます。そこでLANDLOGパートナーの**Atos（アトス）**株式会社さんは、スマートグラスを利用した現場向け遠隔作業支援ソリューション、「**G-Eye**」（ジェネレーション・アイ）を開発されました。現場の作業員がスマートグラスを装着し、自分が〝見て〟いる映像をリアルタイムに遠隔地にあるパソコンやタブレットに表示し、共有することができます。
工事責任者や発注者は、G-Eyeを装着した作業員と会話しながら、気になる箇所を指示し、見て歩いてもらうことで、現況をほぼ自分の目で確認することができるようになります。すると物理的に移動する必要がなくなるので、その分、頻繁にチェックすることができます。現場では若手作業員がベテランや監督者から指示を仰ぐために作業がストップすることも多いのですが、このロスもなく

図表4 ● Atos株式会社「G-Eye」

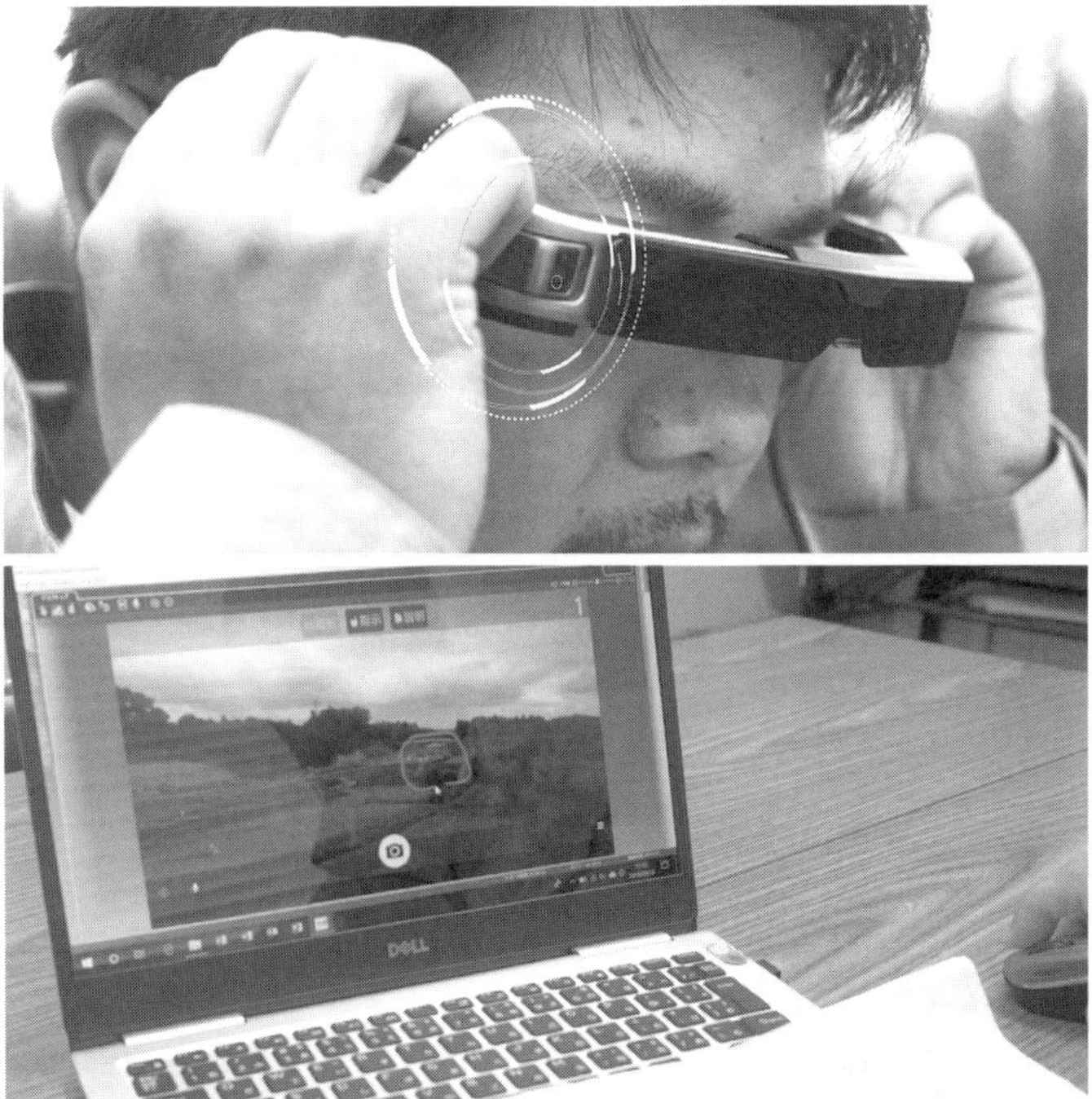

離れた所でも映像で現場をリアルタイムに確認できる

せます。

また同じくＬＡＮＤＬＯＧパートナーの陰山建設さんは、**「Building More」**（ビルモア）という、建築向け施工管理アプリケーションの開発を進められています。施主さんと施工者の間の進捗管理に、ドローンなどＬＡＮＤＬＯＧ経由で見える化される現場の状況データなども取り込んで、より正確でより満足度の高い施工を目指しておられます。施主さんも毎日現場を見に行っているわけにいきませんが、これを使えばいつでも現場が〝見える〟ので、安心できます。

——なるほど、どちらも現場の方が「まず自分で使いたいアプリ」ですね。

そうです。Ａｔｏｓさんも陰山建設さんも、純粋な建設会社です。現場ニーズには精通されていますが、ＩＴ企業ではありませんから、これまではこうしたアプリを開発することもなかったのです。でもＬＡＮＤＬＯＧというプラットフォームができたことで**他社にも販売でき、開発投資を回収できる**見込みが立ったので、それなら作ろう、と。

他にも、「こんなこともＬＡＮＤＬＯＧでできないか？」というアイデアはたくさん上がってきています。現場の方々も、日々、「無駄だなあ」と感じていることはたくさんあるのです。ですからそれをこまめに拾い上げて、アプリ化していけば、現場の方にも喜んでいただける。そうした触媒になれそうだという感触は心強いですね。

図表5 ● 陰山建設株式会社「Building More」

――LANDLOGはコマツにとっての売上にはどのように寄与するのでしょうか？

ＬＡＮＤＬＯＧの第一の目的は、工事全体の生産性を改善することです。作業従事者数が向こう10年で3分の2になってしまうのであれば、生産性を少なくとも1・5倍に引き上げなければならない。ですから、コマツの売上に寄与することは、少なくとも短期的には求められていません。「とにかく早くやれ」がコマツ経営陣からの要望です。「製造業のスピードではなく、デジタル業界でのスピードで進めてくれ」と。

でも結局のところ、われわれがやっていることは、お客様と社会のためになり、業界のためにもなり、そうなればコマツのためにもなる。それがわかっていますから、チームの士気は高いです。

2章

第4次産業革命の本質は「デジタル・イノベーション」

第4次産業革命とは＝製造業と非製造業の境目がなくなること

ここ数年で「第4次産業革命」というワードもすっかり定着した。しかし、「第4次産業革命の本質は何か」ということについては、経済界でも、いまだ十分に理解されているとはいいがたい。

ＩｏＴやＡＩ、ビッグデータ、センサー、ロボット、ドローン、ＶＲ（バーチャルリアリティ）……「デジタル」と総称されるテクノロジーは続々と開発され、凄まじい勢いで発達している。第4次産業革命とは、「そうしたデジタル技術を利用して、企業の生産性をさらに向上させること」というのが、一般的な受け止め方ではないだろうか。

だが、第4次産業革命、すなわちデジタル活用によるイノベーションは、単に生産性を「伸ばす」だけではない。デジタル・イノベーションは、ビジネスモデルや産業構造を根本的に変革し、人類の経済活動や社会のあり方まで変える可能性をも秘めている。企業がこのデジタル・イノベーションの波を乗り越え、さらなる成長を遂げるには、**デジタルの本質を正しく理解し、的確に使いこなす経営戦略**を持たなければならない。

第4次産業革命とは、別の表現を使えば、**既存事業にデジタル技術を組み合わせることによって、「顧客の欲求をより高次に満たす商品やサービスを提供できるようにすること」**ともいえる。本章では、後述する「デジタル活用の十字フレームワーク」を通してさまざまな企業の事例を分析し、デジタル戦略の「成功パターンとは何か」を考察してみたい。

第4の革命は2011年、ドイツから広まった

第４次産業革命という考え方は、２０１１年にドイツ政府が提唱した「インダストリー４・０」をきっかけに、世界的に広まった。日本でも政府が「第４次産業革命」という用語をよく使うようになり、さらにその上位概念にあたる「ソサエティ５・０（Society 5.0）」と日本版インダストリー４・0に相当する「コネクテッド・インダストリーズ（Connected Industries）」を強く打ち出し始めたことで、日本の経済界でも定着しつつある。

歴史をさかのぼると、18世紀から20世紀にかけて3度、**製造業の生産性**が飛躍的に向上した時期があり、これを第1次、第2次、第3次の産業革命（Industrial Revolution）と呼んでいる。機械による工業化が起こった第1次産業革命では「蒸気機関や水力」、大量生産システムが確立された第２次産業革命では「電力」、生産の自動化・効率化が進んだ第3次産業革命では「コンピューター」という汎用技術の普及がその原動力となった。

そして現在、〝4度目〟の産業革命が進行中であり、その原動力となっている汎用技術が「デジタル」

である、というわけだ（図表6）。

第4次産業革命は「製造業革命」ではない

ただし、この第4次は、第3次までとは、決定的に異なる点がある。

第3次までは、「産業」革命とはいっても、それらは要するに「製造業」における革命だった。当時の主要な産業は製造業だったからだ。蒸気機関や電力、コンピューターによって、製造業の工場における生産性が向上した、のが過去3回の産業革命だった。

ところが、第4次産業革命は製造業だけの革命ではない。むしろ、製造業と非製造業の境目がなくなっていくところに最大のポイントがある。

そして製造業と非製造業の境目がなくなるということは、非製造業にとっても他人事ではなく、文字通りすべての産業に直接の影響が及ぶというわけだ。これこそが、まだ始まったばかりの第4次産業革命が「革命」とまで称されている所以《ゆえん》なのだ。

あなたの会社が、製造業であっても、サービス業であっても、第4次産業革命の波は、すでにすぐそこまで来ている。次節以降の実例を見れば、それがわかるだろう。

図表6 ● 第4次産業革命＝インダストリー4.0とは「製造業」革命ではない

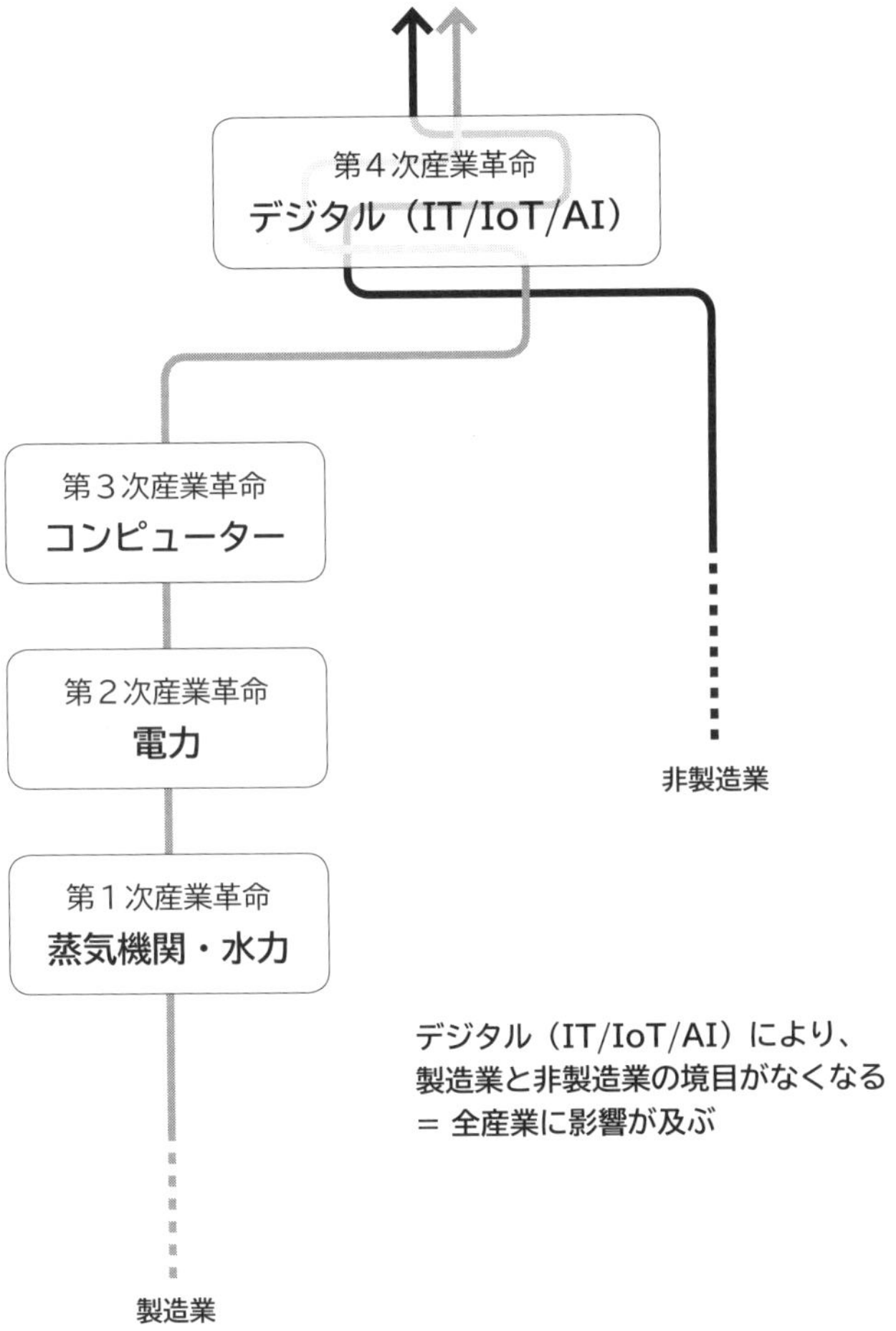

越境バトルロイヤル時代、越境したものが勝つ

第４次産業革命の説明では、「モノからサービスへ」というフレーズがよく使われる。製造業がモノを製造・販売することで一回限りの売上を立てる代わりに、モノを用いた役務（サービス）を提供することによって、継続的な収益を得ることを目指した動きを指す。いくつかの事例で具体的に見てみよう。

事例 ダイムラー・car2go

ドイツの自動車メーカー、ダイムラーの新事業「ｃａｒ２ｇｏ（カーツーゴー）」は、製造業のサービス化の典型的な例である。２０１０年に同社が子会社を作って自ら始めたこのカーシェアリングサービスは２０１８年1月現在、会員が３００万人を超え、世界26都市で1万４０００台あまりのクルマを運用している。ダイムラーは、世界最大級のカーシェアリング事業者に成長した。

その最大の特徴は**「乗り捨て自由」**というビジネスモデルにある。各都市圏のサービス地域内であれば、どこにでも乗り捨てＯＫ。路肩などにある公共の駐車スペースにクルマを駐めたら、ロックし

て、そのまま立ち去ってよい（駐車料金の支払いは各市当局との合意に基づきｃａｒ２ｇｏがまとめて行うので、各ユーザーは料金を負担する必要がない）。次に利用する会員は、ｃａｒ２ｇｏのスマホアプリを開くと、地図上のどこに今、クルマが停車しているかが表示されているから、そこへ行ってロックを解除し、乗り込むだけだ。

従来のレンタカーあるいはカーシェアリングでは、営業所あるいはステーションの場所は決まっていて、クルマはそこで借り出し、乗り終わったらそこに返しに行く必要がある。したがって、利用は自ずと「自宅やオフィスから歩いて行ける距離のステーション」を起点とした「往復ルート」に限られる。つまり利用者の感覚としては**自家用車の延長線上**にある。歩いて行けない距離にあるステーションのクルマは、いくら存在していても、実際にはないも同然である。

いっぽうｃａｒ２ｇｏでは、借り出しのときに駐めてある場所まで行かなくてはならないのは同じだが、返却に行く必要はなく営業エリア内ならそのまま乗り捨てられるため、「Ａ地点からＢ地点への片道ルート」の足として使える。自宅やオフィスの位置に縛られることはなく、利用者の感覚としては**むしろタクシーに近い**。

ただしｃａｒ２ｇｏのクルマはどこに乗り捨てられているかわからないから、ＧＰＳによる位置情報がスマホアプリの地図上に表示されていなければ見つけることすらできない。まさに、スマートフォンとＩｏＴ、そしてその裏にあるＩＴがあって初めて成立する、デジタル時代のビジネスモデルだ。

なぜダイムラーは〝越境〟したのか？

従来、自動車メーカーは、カーシェアリング事業者やライドシェア事業者を目の敵にしていた。なぜなら、クルマの販売台数を減らす存在だと考えられていたからだ。「クルマの販売拡大」こそが自動車メーカーにとって至上命題だった時代、それはある意味当然だった。ところがダイムラーはカーシェアリングを自ら始めてしまったわけだ。なぜか？

自家用車は保有期間のうち、平均3％の時間しか走っておらず、残り97％の時間は駐車場に駐まっているといわれる。ということは、極論すると、仮に自家用車の稼働率が6％になっただけで、**販売台数つまり売上が半減する可能性がある**ということだ。

そして近い将来、自動運転が実現すると、クルマの稼働率は飛躍的に向上する可能性が高い。なぜなら、自家用車として販売されたクルマでも、オーナーが選択すれば、使っていない間は「無人運転タクシーとして稼いでくる」ことができるからだ。そして巷に無人運転タクシーがたくさん走り始めれば、これまで足代わりにクルマを買っていた人はそちらを利用するようになる。クルマを買うのは、とにかくクルマを所有したいクルマ好きか、買った車両をフル稼働させて稼ぎたい人か、のどちらかになるだろう。こうなると販売台数は半減どころでは済まない。

しかしそこで、**車両の「台数」でなく、「人を運んだ距離」で課金するビジネスモデル**を築けていれば、**販売台数そのものが半分になっても売上は半分にはならない。**人が移動しなくなるわけではないし、むしろ運転も購入もしなくて済むのであればクルマによる人の移動はもっと増えるかもしれない。ダイムラーは2008年の時点でいち早くそれに気づいて、新しい課金モデルの試行を始めたのだ。つまり、カーシェアリング事業者を敵視する代わりに、自らがカーシェアリング事業者になる、**つまり製造業がサービス業に進出するという越境バトルを仕掛けた**ということだ。

(そしてすでにお気づきの通り、自動運転時代になれば、car2goは「タクシーそのもの」になる。借り出しのときも、自分のところまでクルマが自走して来てくれるからだ。)

製造業がサービス事業者になる、のは簡単ではなかっただろうが、car2goのその後の成長は前述のとおりだ。さらに2018年3月には、BMWが運営するカーシェアリングサービス「ドライブナウ(Drive Now)」とcar2goを統合するとの発表が行われた。普段はしのぎを削っているライバルの同事業と手を組むことで、保有台数もユーザー数も増えてマッチングが容易になり(ユーザーは使いたいときにクルマを近隣で見つけられる可能性が高まる)、car2goのさらなる快進撃が期待される。

図表7 ● ダイムラー Car2Go

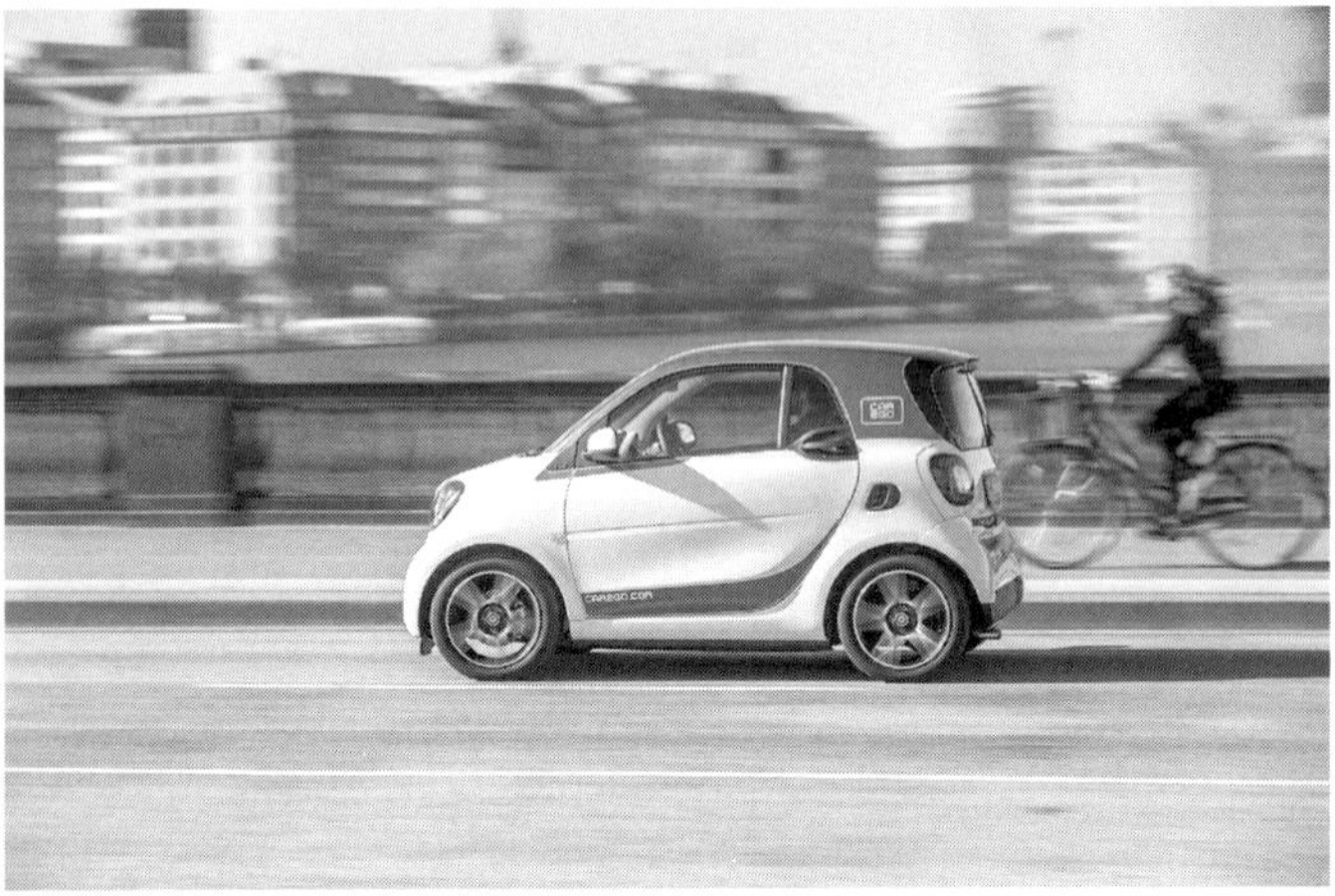

図表8 ● ケーザー・コンプレッサー

事例 ケーザー・コンプレッサー

コンプレッサー（圧縮空気製造装置）は、工場において極めて重要なコンポーネント（機器）である。機械や自動車、半導体、食品、医薬品などのあらゆる生産現場において、手軽な動力源として使われるほか、風をあてて屑を吹き払う、あるいは冷やす・乾燥させるといった用途にも広く使われている。

工場といえば「プスッ！ プスッ！」という鋭い空気音を思い浮かべる方もいるだろう。あれがコンプレッサーが作り出した圧縮空気が動作するときの音だ。多くの工場では、もし圧縮空気の供給が止まれば、電力が止まったのと同じくらいすぐに操業がストップしてしまう。そのくらいコンプレッサーの働きは重要なのだ。

ケーザー・コンプレッサー（Kaeser Kompressoren）は、ドイツに本社を置くコンプレッサー専業メーカーだ。売上は約９００億円、社員数は５７００人で、販売網は世界１００カ国以上に広がっている。鮮やかな黄色に塗られた製品がトレードマークだ。創業１９１９年、現在もケーザー家が所有するオーナー企業で、ドイツを代表するミッテルシュタント（中堅企業）のひとつだ。

コンプレッサーを売るのでなく、圧縮空気を売る

ケーザーは2015年、「シグマ・エア・ユーティリティ」というサービスを開始した。これはひとことで言うと、**「コンプレッサーを売らずに、圧縮空気だけを売る」**というビジネスモデルである。ケーザーの従来のビジネスは、コンプレッサーという「モノを作り、売る」ことであった。競合他社も基本的に同じで、コンプレッサーというモノの良し悪し（値段、燃費=電気代、故障率の低さ、静粛性など）で競い合っている。

ところが「シグマ・エア・ユーティリティ」の場合、基本的に**ケーザーはコンプレッサーを売らない**。その代わり、ケーザーはコンプレッサーを自社資産のまま、顧客の工場に据え付ける。機器構成は顧客工場の圧縮空気の利用量と利用パターンに応じて最適なものをケーザーが選び、運転やメンテナンスもケーザー側が責任を持つ。

したがって**初期費用は基本的にゼロだ**（※）。その代わり顧客側は利用した圧縮空気の量だけ、料金をケーザーに支払う。コンプレッサーを購入しないので資産への計上はなく、月々の経費として落とすことになる。まさに「モノからサービスへ」の典型的な事業モデルだといってよいだろう。

※注　実際にはさまざまな料金パターンが存在する。

このシグマ・エア・ユーティリティは、利用する顧客側から見れば、少なくとも5つのメリットが

ある。

①人件費——コンプレッサーの運転や保守に人員を割く必要がない
②信頼性——運転や保守をコンプレッサーの専門家であるケーザーに任せられる
③資本効率——固定費が変動費になるので、バランスシートが膨らまない。また初期費用がいらないので、購入しやすい
④従量課金——稼働した分だけ払い、稼働が少ないときは支払いも減るので、製造原価が安定する
⑤コスト——そもそも圧縮空気の利用コストが安くなる

①〜④まではわかりやすいメリットだが、⑤については首をかしげる方もいるかもしれない。上記のようなメリットがある価格体系であれば、通常、利用コストは割高になるものだからだ。従量課金つまり分割払いだから、「そこにコストが混ぜ込まれてしまって、割高になる分が見えないだけではないか？」と思うかもしれない。

だが実は、このケーザー・コンプレッサーの事例では、実際に大幅なコスト削減が見込まれるのだ。その理由は「節電」による。

年間の電力コストを約60％削減

コンプレッサーは一般に、消費電力が大きい。モーターで空気をギュッと圧縮し、発熱して高温になった空気にクーラーを当てて冷ます、ということをやっているためだ。日本では国内の総消費電力の1割がコンプレッサーに使われている、というから、いかに莫大な電力を使っているかがわかるだろう。

だが実は、1㎥の圧縮空気をつくるのに必要な電力は**運転の仕方によってかなり変わる**。簡単にいえばクルマの燃費と同じで、コンプレッサーをほぼフル稼働させているときは、相対的には燃費がよく、低い稼働率で能力よりも少ない量の圧縮空気を作っていると、㎥あたりの燃費は悪くなり、より多くの電力を食う。

したがって、燃費の観点から言えば、最適なのは「小型のコンプレッサーを多数並べた構成」だ。たとえば100の能力を持つ大型機1台の代わりに、10の能力をもつ小型機を10台並べておき、工場の生産量に合わせて、稼働する台数を変えていく。必要な能力が10％なら1台、30％なら3台を、それぞれフル稼働させ、残りは休ませておくという運用にすれば、トータルの燃費は大幅に改善できる。

とはいえ小型機10台の購入費用は大型機1台よりは高いので、従来多くの顧客は割安な初期費用に引かれて大型機を購入しがちだった。しかしシグマ・エア・ユーティリティでは初期費用はケーザーの負担だから、ケーザーが最適と考える構成で据え付けることができる。さらに電力会社との契約もケーザーがまとめて行うことで、大口需要家として割安な料金で契約できる。

この節電によるコストダウン相当分は、㎥単価を決める際の〝ゲタ〟になり、顧客にも還元される。たとえば、革製の家具などを扱う米国企業アメリカン・レザー社では、シグマ・エア・ユーティリティを活用することで、年間の電力コストを11・9万ドルから4・5万ドルへ、約60％も削減することに成功したという。

また初期費用がいらないこの新しい課金体系は、当然ながら新規顧客の開拓にも威力を発揮する。もちろん一定の与信がなければケーザーも提案しないが、なんといってもコンプレッサーは工場の必須インフラであり、支払いが滞ってコンプレッサーを止められてしまったら大変なので、顧客も料金をケーザーに優先的に支払うことが期待できる。

どんな会社にも当てはまるサービス化のメリット

顧客にとっては「いいことずくめ」に見えるこのビジネスモデルだが、提供側のケーザーにとってはどんなメリットがあるのだろうか？　従量課金とは「要するに顧客ビジネスの景気変動リスクをケーザー側が負っているだけなのではないか?」という疑問はもっともだ。

だが実は、ケーザーから見た利点は、少なくとも4点ある（ちなみに以下の4つは、あなたの会社でも、「願わくばぜひ実現したい」という項目ばかりではないだろうか?）。

①ストック型ビジネスによる安定した収益構造

通常の「売り切り」型のビジネスの場合、コンプレッサーの販売台数が多い月や年は収益が上がり、それ以外は落ち込む、という「アップダウン」が避けられない。

いっぽうこの「シグマ・エア・ユーティリティ」で契約すると、初期費用は入ってこない代わりに、以後ずっと、毎月ほぼ安定した収益が続く。これが一定の厚みに達すれば、**会社の収益は極めて安定し、新規契約の分がそこに少しずつプラスオンされていく、という収益構造になる。**投資家は一般にそうした「予測可能な収益」を好むので、株価にもよい影響があるだろう（ただしケーザーは非公開企業だが）。

もちろん、初期費用が入ってこないので、その資金繰りをつなぐ財務力が必要になるが、銀行やリース会社はそうした安定収入の裏付けのある資産があれば、喜んで貸すのが普通だ。

②顧客との長期的・継続的な関係維持

一般の「売り切り」では、売ってしまった機材は自社の手を離れてしまい、どこでどうなっているのかを知ることもできない。いっぽうシグマ・エア・ユーティリティでは、ケーザーは運転や保守の最適化を通じて、顧客の工場の状況を継続的に知ることになる。

したがって、たとえば「コンプレッサーの容量が足りず増設を検討している」「隣に工場を増設する予定がある」といった新規商談の可能性もいち早くキャッチできる。逆に稼働が低調で10台はいらない状況なのであれば、「3台は外して他の工場に持って行く」といった構成変更の提案もできる。

また将来、燃費がさらに改善され新製品が出た場合、ケーザーは機器の入れ替えを自らの裁量で実施することができる。

いずれにせよ、**顧客との接点を持ち続けることで、顧客の状況を常に把握し、それに合わせた提案を行う機会が得られ**、また**顧客満足度を高める**ことが可能になる。

③競合に対する優位性

前項で上げた顧客にとっての5つのメリットのうち、**とくに「初期費用がいらない」というのは営業活動の面からはきわめて大きい**。普通の売り方しか提案できないライバルに対して大きな優位性となる可能性は高い。

ちなみにケーザーの場合、シグマ・エア・ユーティリティに使っているコンプレッサーそのものは一般のものと基本的に同じである。同じ商品の売り方を変えているだけだ（もちろんその背後には、ＩｏＴとＩＴを組み合わせた一連のシステムが存在しているわけだが）。

④製品開発部門へのフィードバック

シグマ・エア・ユーティリティではコンプレッサーの運用・保守をケーザー側が請け負う。ということは**機器の稼働状況や摩耗、故障などのデータもすべてケーザー側が保有できる**。それらが製品の改良に役立つことは言うまでもないだろう。

また顧客との関係性から、製品に対する顧客の声（フィードバック）を集めることも容易になる。

ケーザーはコンプレッサーによる圧縮空気の供給を「ユーティリティ」（電気、ガス、水道などの公益事業）にたとえて説明している。圧縮空気を「ガスや水道と同じく、栓をひねれば流れてきて、使った分だけ払うようにしませんか？」というわけだ。

もちろん、この新しいビジネスモデルの背後には、ＩＴとＩｏＴの堅牢な仕組みがある。そのほとんどはハードウェア売り切りの時代には必要なかったものなので、ケーザーはその多くを新調する必要があったが、従来から良好な関係を築いていたＳＡＰが一式を納入し、また予測保守アルゴリズムなどの新規分野では共同開発を行っている。

サービス業がモノを提供する動きも

一方、逆方向の、サービス業がモノを提供し始めるという動きもある。たとえば、**アマゾンのキンドル・ファイア**（Kindle Fire）や**グーグルのタブレット**などがそれだ。グーグルやアマゾンというサービス業が、自社のWebサービスへのアクセスを促すために、自らタブレット端末を製造し、原価スレスレで配っている、というわけだ。

もちろん、これらの端末をアマゾンやグーグルが自社で製造しているというわけではない。現在では業種を問わずファブレス（工場を持たない）企業が増えてきているが、とくにこうした電子デバイス製造ではそれを専門に請け負うEMS（電子機器受託製造サービス）が普通になってきているので、サービス業がモノを提供すること自体は非常に容易になっている。製造原価を賄う見通しさえあれば、あとはビジネスのアイデアだけの勝負だ。

そしてその強烈な例が、次に紹介する、アマゾンの「ダッシュボタン」である。

事例 アマゾン「ダッシュボタン」

アマゾンは2015年、米国で「ダッシュボタン」の販売を始め、日本でも2016年から同様に開始した。このダッシュボタンとは「アマゾンへの発注専用ボタン」で、機能はたったひとつ、「押す」だけだ。ボタンを一度押すと、あらかじめ登録されている商品の発注データが家庭内Wifiを通じてアマゾンに飛び、翌日商品が届く、というものだ。

ダッシュボタンは米国では5ドル、日本では500円で販売されている。ただしこれを使って発注すると、初回に500円のキャッシュバックがあるので、**消費者にとっての実質の初期コストはゼロ**ということになる。

家庭内のWifiに一定の信号を飛ばすだけだから、製造原価も知れている。ちなみに電池の寿命は2年ほどで、電池が切れたら使い捨てだ。

しかし、たとえば、図表9の写真のように「Tide」という洗剤を発注するダッシュボタンが洗濯機に貼られた瞬間、何が起きるだろうか？　おそらくこの家庭では、ほかの洗剤を買わなくなる。つまり洗剤のテレビCMとかスーパーのチラシとかクーポンとかキャンペーンとかいったマーケティング活動が一切関係なくなり、この家庭はひたすら、「Tideが切れたらまたTideを買う」という消費行

図表9 ● アマゾン ダッシュボタン
（この写真ではTideという洗剤の発注用）

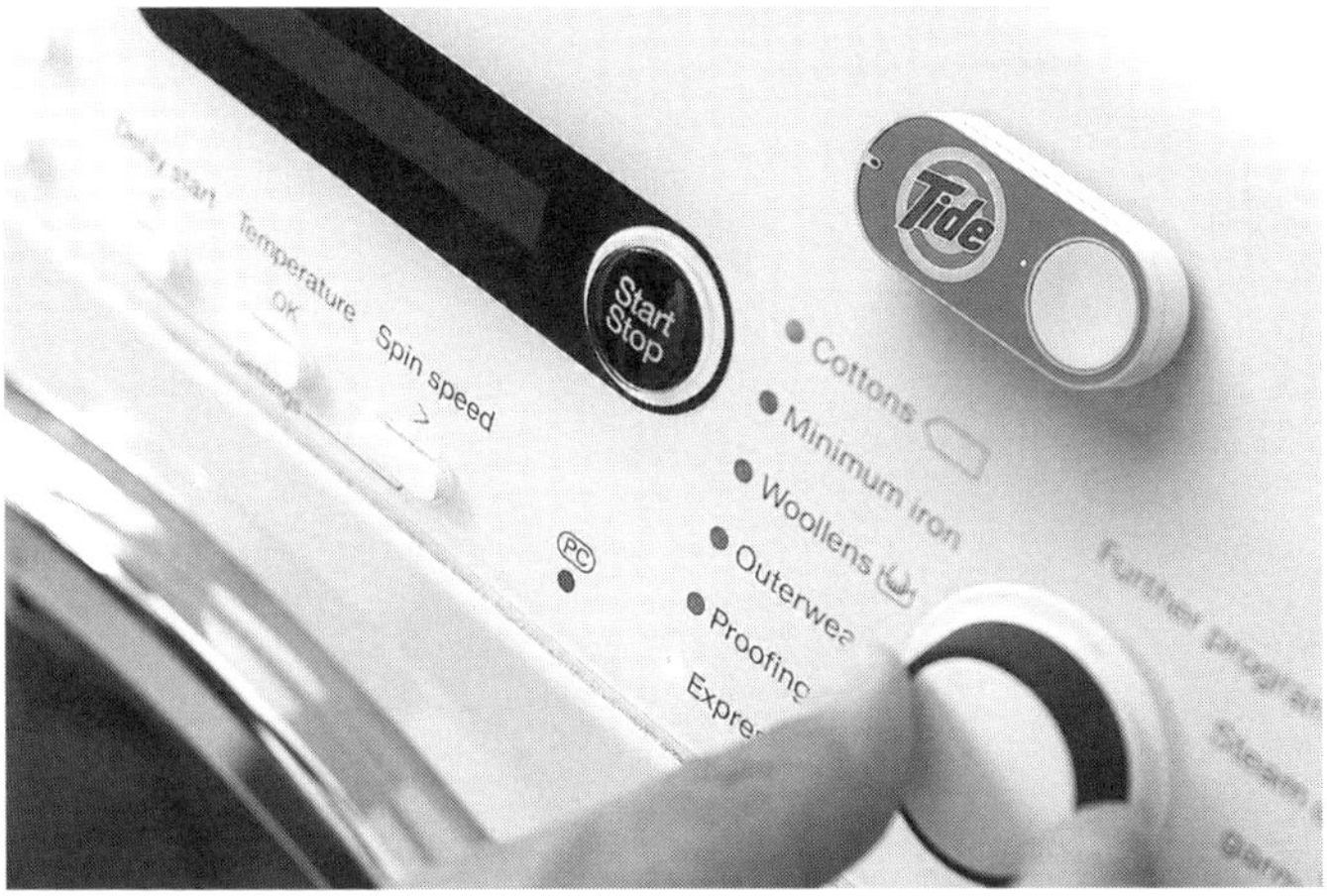

動を続けることになるだろう。製造業や競合の小売業にとっては、恐ろしいまでの顧客の囲い込み力、ではないか。

これを実現しているのが、**「実質無料のこのボタンひとつ」**というわけだ。デジタルの威力を世界に強く見せつけたビジネスモデルである。

※なおダッシュボタンはアマゾン・プライム会員（年会費を払うことで送料が無料になる）に限定して販売されている。

音声認識スピーカーが巨大な市場を築く

また最近では、アマゾンの「エコー」、グーグルの「ホーム」、日本のＬＩＮＥの「クローバ」などの**音声認識スピーカー**が巨大な市場を築きつつある。スピーカーと名づけられてはいるが、その実態は「御用聞きマイクロフォン」だ。家庭内の忠実なアシスタントとして「テレビを点けて」とか「牛乳を注文して」といった要望に応えているうちに、家族ひとりひとりの行動や好みを把握し、先回りしてサービスを始める。もちろん、自社や提携企業が提供するサービスを優先的に勧めるだろう。

しかしこのスピーカーの本当のインパクトは、**すべての家電のインターフェースを（メーカーを問わず）一元化しつつある**、という点だ。

かつて世界を席巻していた日本の家電メーカー各社は、「自社製品ならなんでもつながります」というネットワーク機能を宣伝していたが、すべての家電を1つのメーカーの製品で統一している家庭などあるはずもなく、鳴かず飛ばずだった。ところがこの音声認識スピーカーは、その「家電各社の壁」をも軽々と越えつつある。これもまた、恐るべき越境ビジネスのひとつ、というわけだ。

アップルは「製造業」か？

時価総額が1兆ドル（約110兆円）を超え、時価総額世界最大の企業のひとつとして君臨するアップル。

アップルの販売および利益の大半は、iPhoneやiPad、Macなどのハードウェアが占めている。しかしそれらがただ単に「製品として」優れているから売れていると考えては見誤る。

アップルは、約210万種類のアプリを提供しているアプリダウンロードサービス「Appストア」、音楽のダウンロード販売およびストリーミング提供で世界最大級の事業規模を持つ「アップル・ミュージック」などのデジタル・プラットフォームを抱えている。**モノとサービスが完全に一体化し、ビジネスとして完結する「デジタル・エコシステム」がガッチリと機能しているから**こそ、市場からの評価が高いのであろう。

「アップル・iOS」のアプリは、たとえば120円で売れるたびにその30％がアップルの収益になる。またAppストア上には無料のアプリも非常に多い。つまり**アップルと関係のない第三者が、iPhoneユーザーのニーズを満たすためのアプリを作り、公開することに日夜励んでくれている**わけだ。

つまりアップルは、**製造業の垣根を自ら飛び越え、サービス業と完全に一体化させたこと**によって、企業が既存の事業領域をお互いに乗り越えて競合する「越境バトルロイヤル」の時代の最大の勝者となったのだ。

タテ軸、ヨコ軸で考えを整理する

この越境バトルロイヤルの時代、企業のリーダーたるあなたは、自社をどのように導いていけばいいのだろうか？ 今は、「これまでとはまったく違う畑から、突如として強力なライバルが現れるかもしれない」という〝戦国時代〟なのだ。もしかしたら、あなたの会社も、予想もしていなかった競合激化に、頭を抱えているのではないだろうか。

だが、よいニュースもある。第4次産業革命の先行事例はすでに多数出てきており、**ほぼすべてが**

「デジタル」が原動力となっているという共通項がある。そうした事例から、**越境バトルロイヤルを勝ち抜くためのデジタル活用のヒントを学ぶことができる**のだ。

事例から学ぶ

事例といっても、「自社と同じ業界でないと参考にならない」と言い放つ人もいまだにいる。だが、自社と同じ業界の事例が出てくるのを待っているということは、ライバルに2〜3年の後れを取るということだ。そんなにのんびりしていていいのだろうか?

また、「業界」の垣根がどんどん崩れ、越境バトルロイヤルが常態化してきている今、自社と同じ業界にいるプレイヤー(だと考えて従来からマークしている相手)だけに気を付けていればよいというものでもない。

さらに日本企業といえども海外売上比率が5割を超えていたりする昨今、「海外事例なんて参考にならない」と言っていられる時代でもない。

ただし、他社事例はともするとと「面白い話」で終わってしまいがちだ。たとえば、ダイムラーの、あるいはアマゾンの事例を見て、「**その事例のカギとなっている本質的なポイント**は何なのか?」、そして「それを自社に適用するにはどうしたらよいのか?」という重要な問いに答えるためには、事例の本質的なポイントを整理し、理解するための**方法論**が必要だ。

十字フレームワークで第4次産業革命のヒントを探る

SAPはデジタル活用の本質を整理し理解するために、**「十字フレームワーク」**という分析法を提唱している。本書ではこの方法を用いて、多くのデジタル活用事例を整理していく。フレームワークといっても面倒なものではない。タテ軸・ヨコ軸で区切られた、わずか4つの象限で表されたものだ(図表10)。

次ページ以降、図表11および図表12で十字フレームワークそのものについて解説していくが、**解説は飛ばして、次の「コマツ・スマートコンストラクション/LANDLOG」の例(図表13)から先に見ていただいても構わない**。具体的な中身が入っていたほうが、フレームワークについても理解しやすいかもしれないからだ。

ぜひあなたの会社、あなたの事業もこの4象限に当てはめてみて、**御社の「第4次産業革命」について考えるヒント**としていただきたい。

図表10 ● デジタル活用を考える「十字フレームワーク」

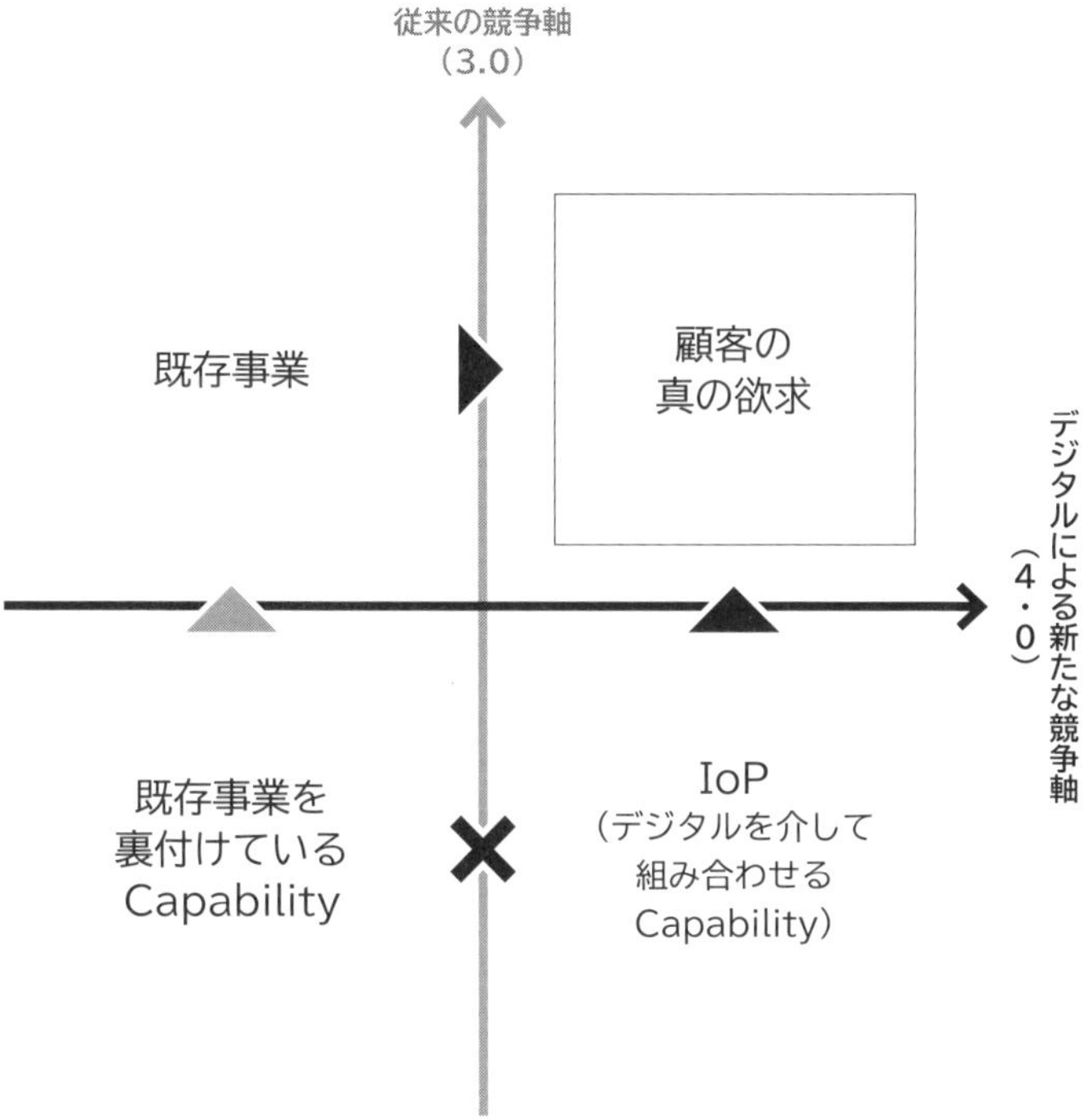

まず、左の図表11をご覧いただきたい。左半分、タテ軸の左側は**「従来の競争軸」**である。**つまり、今日現在の自社の強みを左半分で整理する。**

まず【左上】には**「既存事業」**つまり従来提供している製品やサービスを入れる。コマツなら「建設機械」、ダイムラーなら「自動車」、ケーザーなら「コンプレッサー」、アマゾンなら「通信販売」が【左上】に相当する。

次に【左下】には、**「既存事業を裏付けているケイパビリティ」**を入れる。ケイパビリティ（Capa-bility）とは、企業がその競争軸において発揮している「能力」の総称である。製品やサービスを卓越せしめている「技術」や、企業としての「組織力」や「ブランド」、さらにはパートナーや代理店を含めた「エコシステム」の総合力などが含まれる。

製造業の場合には一般に、「【左上】のモノをより高性能に、より高品質に、より安価に製造する能力」が入るが、それ以外にも特筆すべき能力が入ることが多い。コマツであれば「高性能・高品質な建機を製造する能力」に加えて、それを遠隔地から支援する「ＫＯＭＴＲＡＸ」やデジタルデータをもとに建機を制御する「ＩＣＴ建機」。ダイムラーなら「高品質なクルマを製造する能力」に加えて「ブランド力の高さ」や「世界に広がるディーラー網」などが挙げられるだろう。いっぽうアマゾンなら

図表11 ● 十字フレームワークの左半分は従来の競争軸
＝今日現在の「自社の強み」を整理する

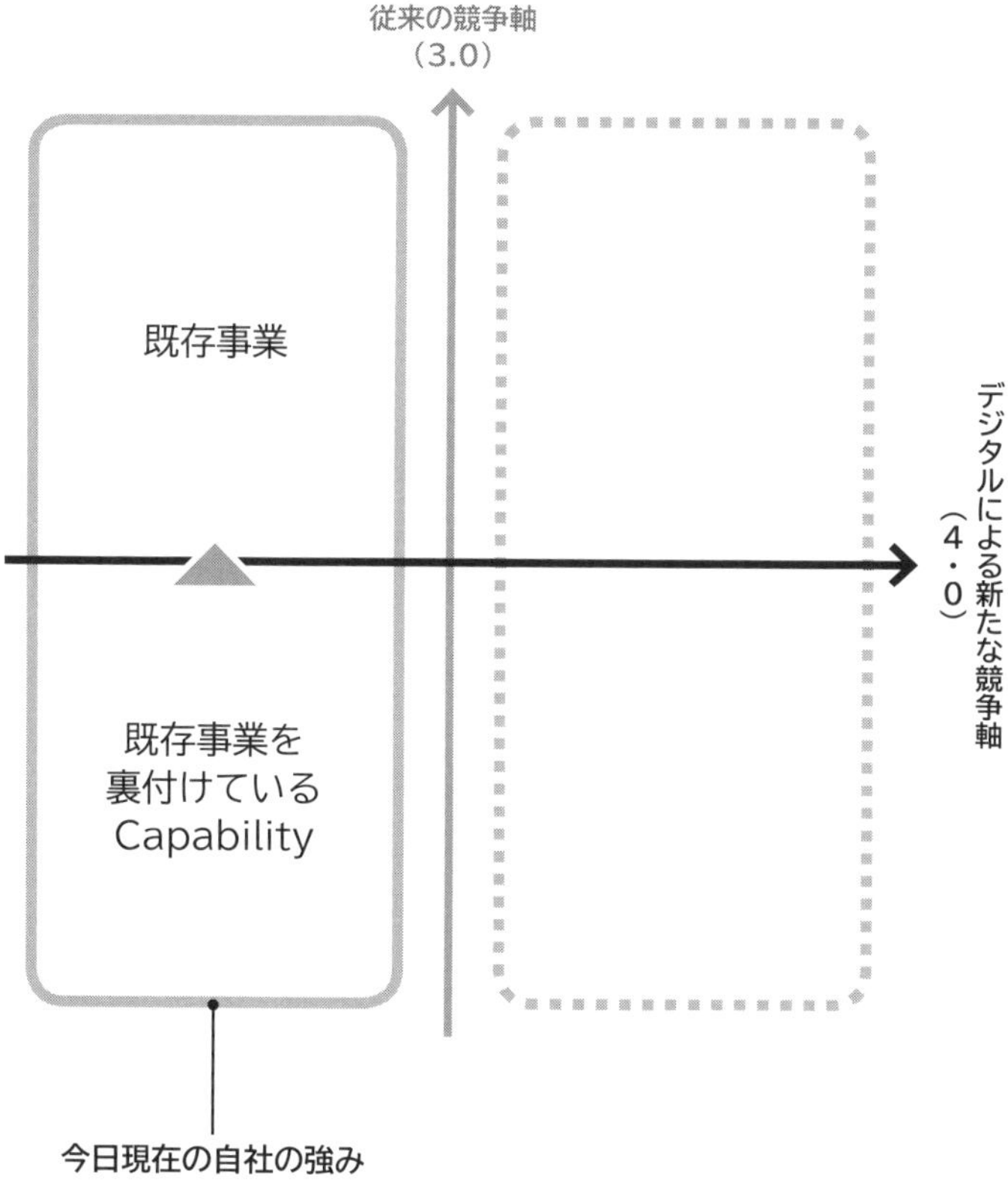

「圧倒的な顧客ベースに基づく販売力」や「商品をタイムリーに届けるサプライチェーン」などが入る。

この【左上】や【左下】は、企業の中でも事業部ごとに、さらに細かくいえば製品ラインごとに異なるかもしれない。いずれにせよ、**あなたの会社あるいは事業部あるいは製品ラインは、今日現在、このタテ軸に沿って同業他社と戦いつつ、顧客に製品やサービスを提供している**わけだ。

次に、左の図表12で、**右半分**は、**「デジタルによる新たな競争軸」**である。「デジタル」の力を、タテ軸をさらに伸ばす（従来のケイパビリティをより強化する）方向に使うという考え方も当然ありうるが、この十字フレームワークではこれを**あえてヨコ軸として置き、タテ軸×ヨコ軸の掛け合わせと**して考えていくところがポイントである。

【右上】に入るのは**「顧客の真の欲求」**。デジタル活用を通じて応える、より高次の顧客ニーズを指す。ただ単に従来からの製品やサービスをより強化する、という程度では不十分だ。デジタル活用によって、**これまでとは次元の違うレベルで顧客のニーズを満たす**こと、を目標とする。そうでなければわざわざ取り組むに値するほどの価値は生み出せないからだ。

そして**【右下】**に入るのは**「IoP」**。これはInternet of Processesのことで、**「デジタルを介して組み合わせるケイパビリティ」**を指す。「あなたの会社や事業が従来から持ってはいたが、使えてい

図表12 ● 十字フレームワークの右半分はデジタルによる新たな競争軸
=既存事業にデジタルを掛け合わせて実現する「新たな強み」

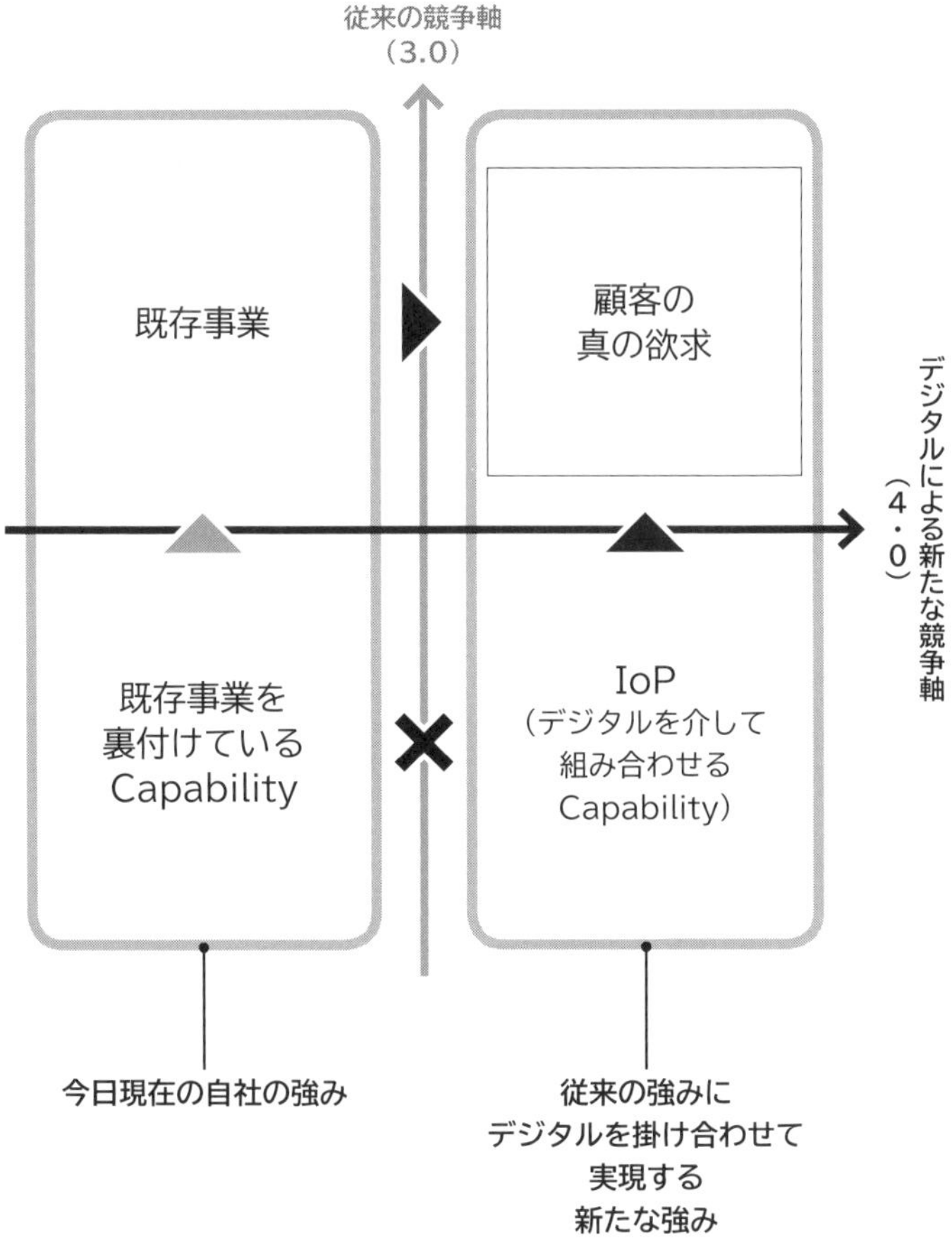

なかった能力」や、「これから新たに獲得する能力」、さらには「他社が持っているものをデジタルに接続することで利用させてもらう能力」などのパターンがありうる。これらをデジタルによって【左下】つまり従来のケイパビリティと組み合わせることによって、従来の事業の延長ではない【右上】つまり「顧客の真の欲求」の充足を目指す。

このヨコ軸が「デジタルによる新たな競争軸」である。

つまりこのフレームワーク全体をひと言で表現すると、**「タテ軸×ヨコ軸の合わせ技で、【右上】の実現を狙う」**ということになる。

まったく新しい新規事業を手掛けるというわけではない。あくまで自社の既存事業（【左上】）の強みやそれを裏付けるケイパビリティ（【左下】）、つまり**タテ軸の強さがそのベース**となる。それに「デジタル軸」（ヨコ軸）を掛け合わせ、【左下】と【右下】のケイパビリティを組み合わせることによって、その総合力で【右上】を実現するわけだ。

十字フレームワークによる整理

コマツ・スマートコンストラクション／LANDLOG

具体例で見ていこう。1章で取り上げたコマツのスマートコンストラクションおよびLANDLOGをこの十字フレームワークで整理すると、図表13のようになる。

【左上】の従来のビジネスは、コマツが従来から提供してきた、**「より優れた建設機械」**。それを支える【左下】のケイパビリティは、**「KOMTRAXによるリモート機器監視・保守」**や**「ICT建機による情報化施工」**が該当する。

しかしながら、コマツの建機が施工する部分だけでなく、工事全体の生産性の向上を目指すコマツは、【右上】つまりより高次の顧客の欲求を満たしにいくことにした。**「コマツ製建機が関わらない工程も含めた工事全体における、安全性と生産性の向上」**、具体的には**「より少ない人数での施工（人手不足対応）／工期全体の短縮」**などを実現することだ。

土木工事の工程全体をデジタルに把握し「見える化」するために活用した【右下】のIoPには以下のようなものがある。

図表13 ● 十字フレームワークによる整理：
コマツ スマートコンストラクション／LANDLOG

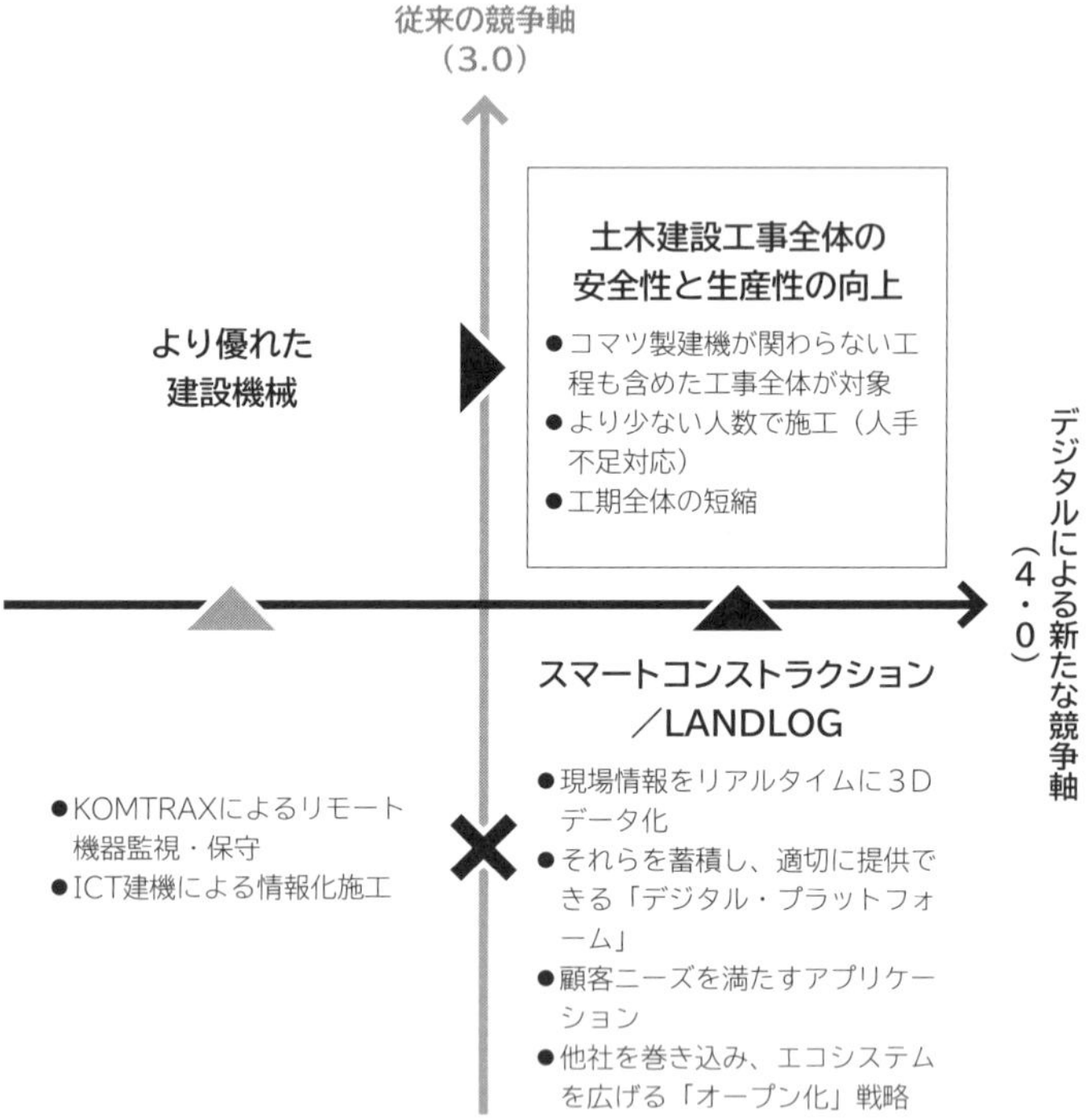

●建機やドローンなどから得られる現場情報を3Dデータ化する
●それらを蓄積し、適切に提供できる「デジタル・プラットフォーム」
●その上で稼働する、顧客ニーズを満たすアプリケーション
●そして他社を巻き込み、エコシステムを広げるための「オープン化」戦略

これらを具現化するための基盤となるのがスマートコンストラクションであり、またそれをオープン化したデジタル・プラットフォーム「LANDLOG」である、と整理できる。

十字フレームワークによる整理

ダイムラー car2go

次にダイムラーのcar2goを十字フレームワークで整理してみる。

ダイムラーの【左上】(既存事業)はもちろん**「自動車」**。だが、あえてcar2goとの対比のために付け加えるなら、それを自家用車として「売り切り」する、のが従来事業だと言えるだろう。

既存事業を裏付ける【左下】のケイパビリティには**「高品質なクルマを製造する能力」**に加えて**「ブランド力の高さ」**や**「世界に広がるディィーラー網」**などが入る。しかしこちらもcar2goとの対比のためにあえて付け加えるならば、「クルマを買った所有者は実際には平均して3%しか動かしていない」や、「クルマを運転せず、タクシーやバスなど他の交通機関を利用している潜在顧客も多く

いる」など、つまり**従来は提供できていなかったケイパビリティ**についても注目するとわかりやすい。

いっぽう、ヨコのデジタル軸を加え、car2goとすることで実現する【右上】の顧客の真の欲求とは、**「所有というコストをかけず、使った分だけコストを支払いたい」**というものだ。クルマを自家用車として保有するコストはかけずに、使いたいときだけ使えれば嬉しい（もしクルマが見つからなければ、その時は他の交通機関を使えばよい）というライト・ユーザーの欲求に応えることで、これまで取り逃がしていた潜在顧客層をあらたに掘り起こすことができる。もちろん、たとえば他都市へ出張で来たビジネスマン（従来であればレンタカーやタクシー、バスなどを使っていた層）など、自家用車では解決できなかった移動ニーズにも応えることができる。

そして自家用車をシェアリングカーに仕立て上げるための道具立てが【右下】の**IoP=car2go**であり、具体的には以下のようなものが根幹を成している。

- GPSセンサーによる車両位置のトラッキング
- スマホアプリ上での車両発見・予約・開錠・利用・決済
- ユーザー管理、課金管理、クルマの移動距離／メンテナンス管理などのITシステム

図表14 ● 十字フレームワークによる整理：
ダイムラー Car2Go

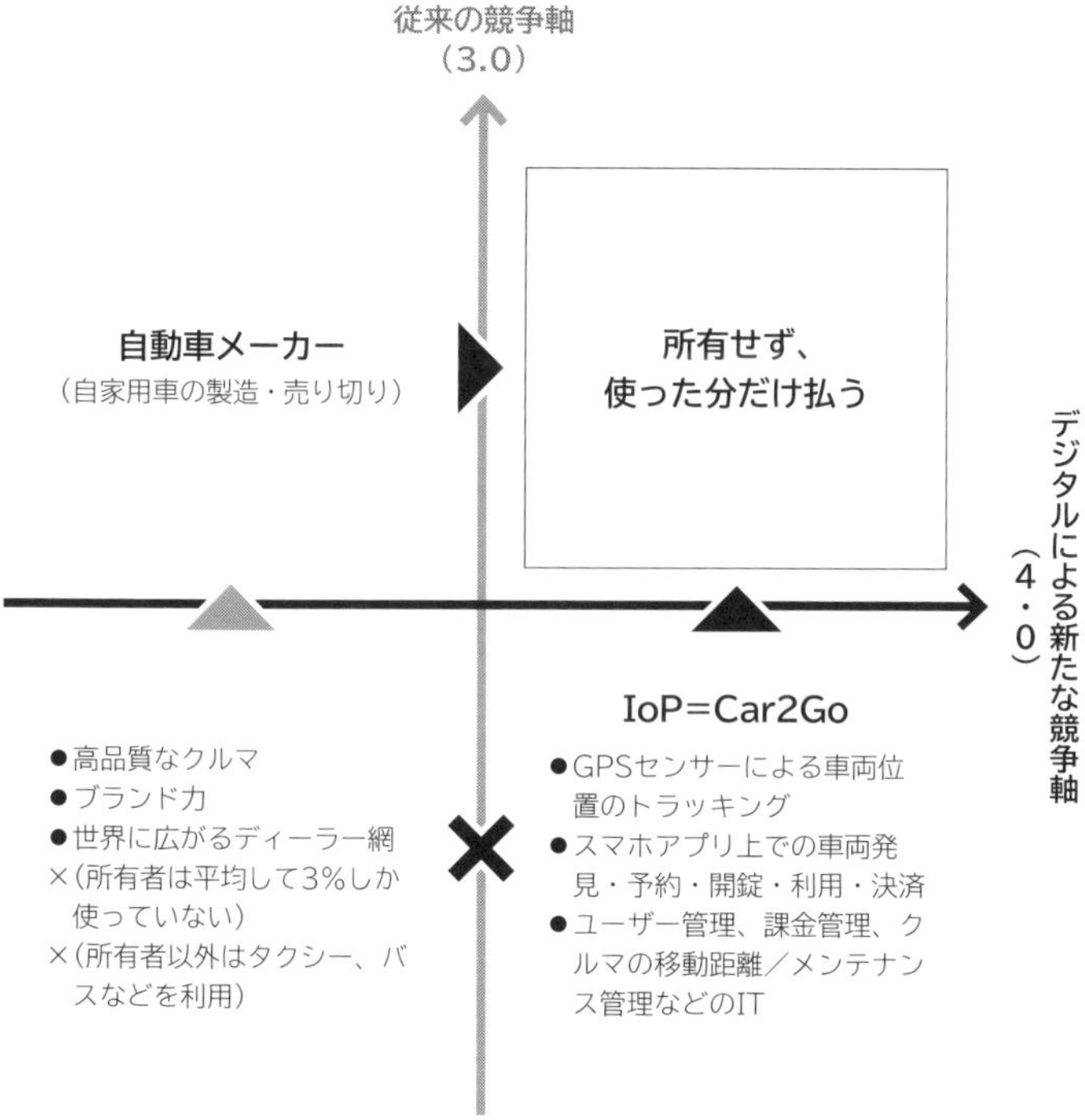

十字フレームワークによる整理

ケーザー・コンプレッサー　シグマ・エア・ユーティリティ

ではケーザー・コンプレッサーの「シグマ・エア・ユーティリティ」はどのように整理されるか？

【左上】の既存事業は「コンプレッサー」。それを裏付けている【左下】のケイパビリティには広義の「製品の品質」が入る。具体的には耐久性／安定稼働、静粛性／清浄性、消費電力が比較的低いこと、保守拠点網の充実、などが挙げられるだろう。

いっぽう【右上】の顧客の真の欲求は、**「圧縮空気の安定供給」**である。コンプレッサーというハードウェアを所有し管理するというコストをかけずとも、（蛇口をひねるだけで流れてくる水道のように）圧縮空気が流れてきて、使った分だけ料金を払えばよい。さらにそこに節電による低単価が加わる、というのなら顧客にとってはまさに理想的である。

それを実現せしめている【右下】のＩｏＰは、実はかなり多岐にわたっている。

●リモートセンシングと予測保守——圧縮空気の利用量を正確に計測するいっぽう、故障が起きないよう、内蔵されたセンサーからのデータを常時監視し、もし不調の兆候があれば先手を打って保守を行う能力

●節電運転のノウハウ——前述のように、複数の小型機を組み合わせて運転することで、電力代を

図表15 ● 十字フレームワークによる整理：
ケーザーコンプレッサー シグマ・エア・ユーティリティ

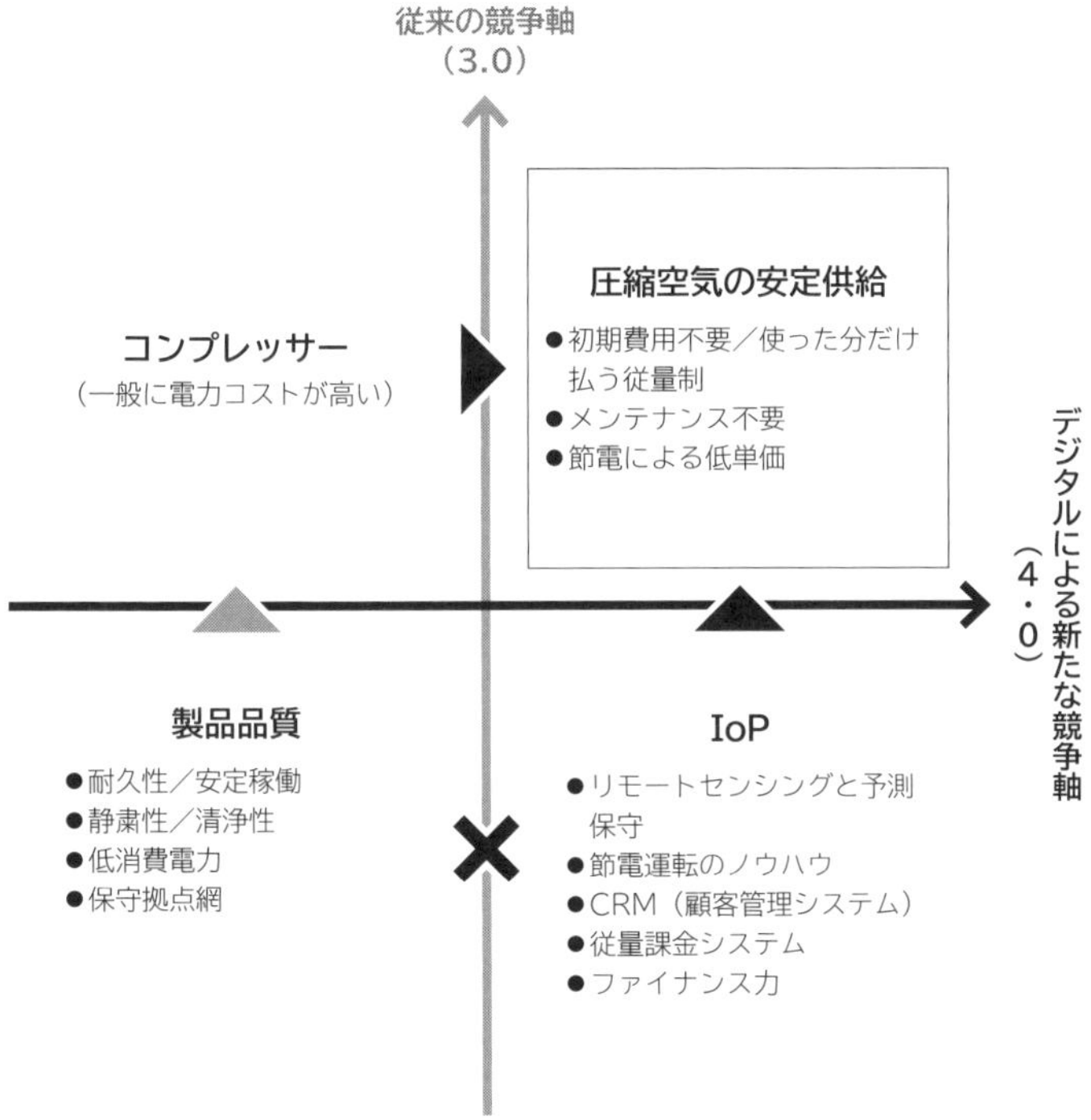

節約する能力

●ＣＲＭ（顧客管理システム）と従量課金システム――売り切りのときと違い、多くの顧客に毎月、利用量に応じた（かつ契約ごとに単価の違う）請求書を発行し、入金を消し込む、という煩雑な手間を自動化するＩＴシステム

●ファイナンス力――初期費用が入ってこない分の資金繰りをつなぐ

だがケーザーはこれらを手当てすることで、顧客の真の欲求を満たし、また自社にも多くのメリットを得ることができているのだ。

十字フレームワークによる整理

アマゾン ダッシュボタン

次にサービス業から、アマゾン ダッシュボタンの事例を整理してみよう。

【左上】の既存事業は「アマゾン」という、世界最大のＥＣサイトそのもの。それを裏付ける【左下】のケイパビリティも、**「巨大な顧客ベースに対する圧倒的な販売力」「注文を迅速に届ける倉庫／配送のネットワーク」「顧客管理／請求管理」**などよく知られたものばかりだ。

一方、【右下】のＩｏＰは、**「ダッシュボタン」**のみ。つまり家庭内Ｗｉ-ｆｉを通じてアマゾンに発

図表16 ● 十字フレームワークによる整理：アマゾン ダッシュボタン

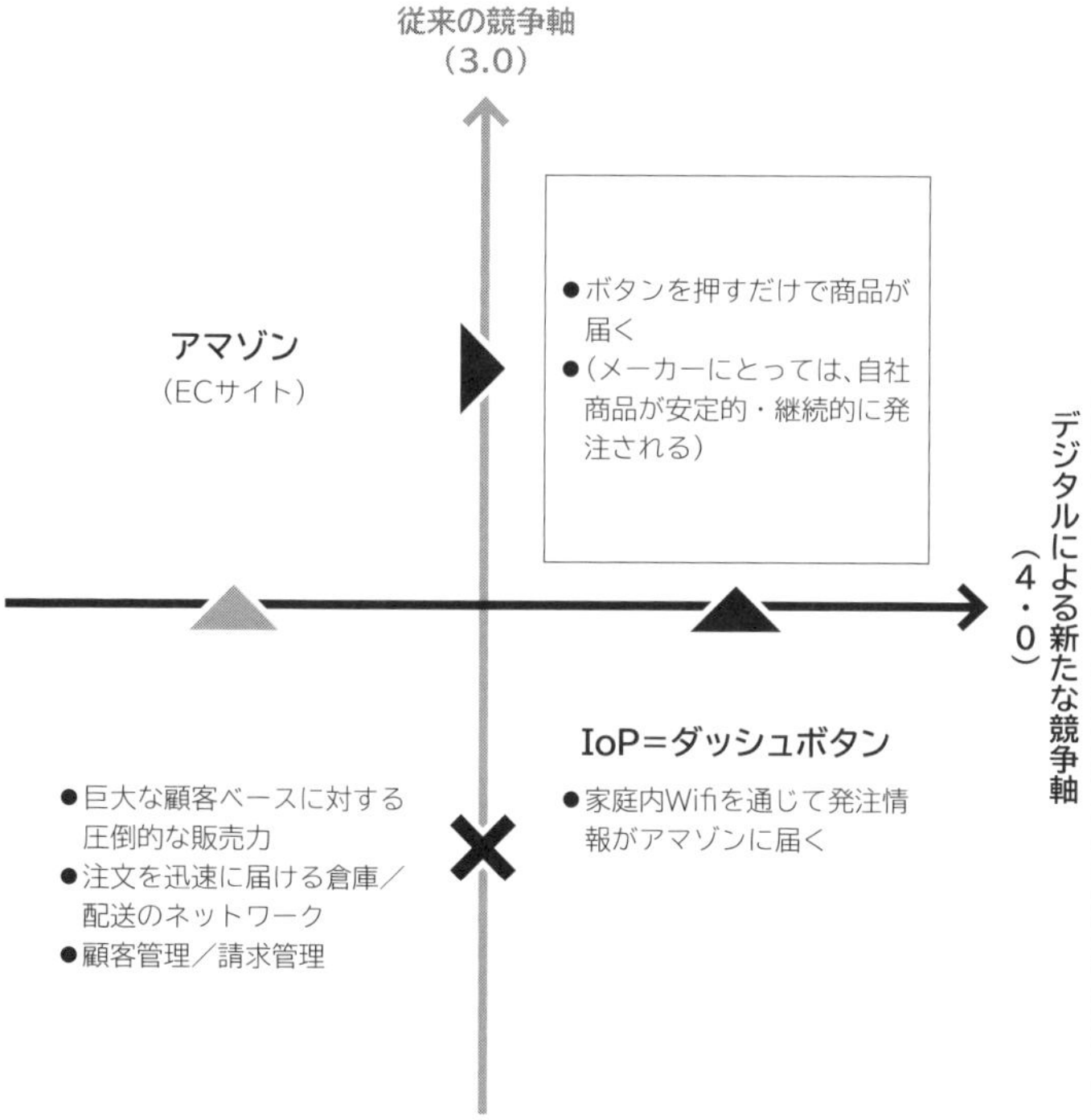

注情報を送るという単機能の、実質ゼロ円で手に入るボタンだけだ。だがこれが、【左下】のケイパビリティと組み合わされることによって、【右上】を実現する。

アマゾンの顧客にとっては、**ボタンを1回押すだけ、という究極の簡単操作で商品が届く**。とくに飲料水やおむつなど、重いものやかさばるものが人気だという。いっぽうでアマゾンのもういっぽうのステークホルダーである、消費財メーカーにとっては、いったんダッシュボタンを使い始めてもらうことに成功すれば、しばらくの間（内蔵の電池が切れるまで）**安定的な販路が確立できる**、というメリットがある。チラシもクーポンもテレビＣＭも関係なく、自社商品だけが繰り返し発注されるチャネル、というのは魅力に違いない。

顧客の「真の欲求」を満たす戦いへ

3・0？　4・0？

十字フレームワークではタテ軸に3・0、ヨコ軸に4・0という数字が付け加えられている。あなたの会社が現在提供している価値を3・0、デジタルによって提供する新たな価値（第4次産業革命による価値）を4・0と呼んでいるわけだ。

このフレームワークにおける最大のポイントは、もちろん、**【右上】つまり「顧客の真の欲求」を何に定めるか**、だ。

ここにタテ軸（3・0軸）をさらに少し伸ばすレベルのもの、つまり**【左上】をカイゼンする程度のものを入れても意味がない**。「これまでとは違う次元で顧客の真の欲求を満たす」くらいのインパクトがなければ「革命」というレベルにはならない。いっぽう越境バトルを仕掛けてくる側は、まさにその「革命的なインパクト」を狙ってきているのだ（それに現実問題として、そのくらいのインパクトがある施策でないと、社内外の賛同を得ることができないし、そもそも投資対効果を実現することが難しい）。

ただし既存事業である程度成功している企業ほど、新たな【右上】を発見するのは容易ではない。あなた自身も考えてみてほしい。【右上】が簡単に見つかれば苦労はない、というのが現実ではないだろうか。ちなみにこの適切な右上を考えるにあたって非常に強力なのが**「デザイン思考」**であり、6章で詳しく説明する。

デジタル・ネイティブの事例も十字フレームワークで理解できる

「第4次産業革命の事例」として、しばしば挙げられるのが、ウーバー（Uber）、エアビーアンドビー（エアビー、Airbnb）、さらにはグーグル、フェイスブックといった根っからのデジタル企業、いわば〝デジタル・ネイティブ〟な企業たちだ。

だが彼らの事例をそのまま見せられても、あなたの役には立たないだろう。なぜなら彼らには、あなたの会社の**「既存事業」に相当するものがなく、ないからこそ成功した**とも言えるからだ。

もちろん、既存のケイパビリティがなかったにもかかわらず、新事業を立ち上げた彼らの実績は賞賛に値する。

しかし、彼らの事例は、あなたのような「既存企業の変革」を考える立場の方にとっては、そのままでは参考にならない。現実問題として、あなたには既存事業と、既存のケイパビリティと組織、そして既存の顧客や取引先があるからだ。既存のしがらみ一切なしで、ゼロから新規事業の立ち上げを考えればいいスタートアップ企業とは違う。**現実はもっと複雑で重い**のだ。

しかしそうしたデジタル・ネイティブな事業も、十字フレームワークによって要素を分解すれば、そのビジネスの本質がわかる。ウーバーの事例を見てみよう。

ウーバーには既存事業はなかったので、左側半分には従来のタクシーを入れて対比する。従来のタクシー会社における【左上】は「タクシー」であり、それを裏付ける【左下】は「タクシーというサービスの品質」だ。ここでは日本のタクシーはいったん置き、**あなたが海外でタクシーに乗ったとき**のことを思い出してみてほしい。

- 車両の質――乗ったタクシー車両は「きれいで快適」だっただろうか?
- 運転技術――ドライバーの運転技能は「安全・安心」だっただろうか?
- 配車――空港やホテル前、流しをつかまえられる大都会などを除くと、タクシーは基本的に「電話で呼ぶ」ものだが、呼ぶのは簡単だっただろうか?
- 行先の指定――言葉は容易に通じ、行先を告げるのはスムーズだっただろうか?
- ルート――遠回りされてもわからない、という不安はなかっただろうか?
- 支払い――概ねいくらかかるのかは事前にはわからない、支払いには現地通貨が必要、チップという不慣れな制度のせいで総額いくら払ったらよいのかわからない、レシートをもらうと手書きだった、といった不便さはなかっただろうか？

要は、あなた自身の経験に照らしても、**現地の言葉や地理や習慣に通じていない旅行者にとっては決して「安心・安全・快適」な交通機関とはいえない**、というのが世界で一般的な「タクシーの品質」ではないだろうか。

「日本のタクシーは例外だ」と思うかもしれない。たしかに運転技術や車両の清潔度は総じて高い。だが、**「海外からの旅行者にとってどうか？」**と考えると、日本のタクシーの「サービス品質」はたちまち危うくなる。「日本語がわからない旅行者が、電話で簡単に呼べるか？」「行先をドライバーに容易に伝えられるか？」「日本円がなくてもクレジットカードで払えるか？」「レシートは日本語ができなくても読めるか？」などと考えていくと、極めて心もとない状況であることが想像できる。

ウーバーはこうした不安を、スマホアプリケーションを活用することで払拭した。

- 「行先の指定」、「配車の依頼」はスマホアプリの地図上で、自分の言語で指定できる
- 通った「ルート」はアプリの地図上に克明に記録されており、もし甚だしい遠回りが判明すれば後からウーバーにクレームをつけることも可能
- 「支払い」はクレジットカードで自動処理され、現地通貨はいらない。配車依頼をする前に概算

図表17 ● 十字フレームワークによる整理：
Uber（と従来のタクシー）

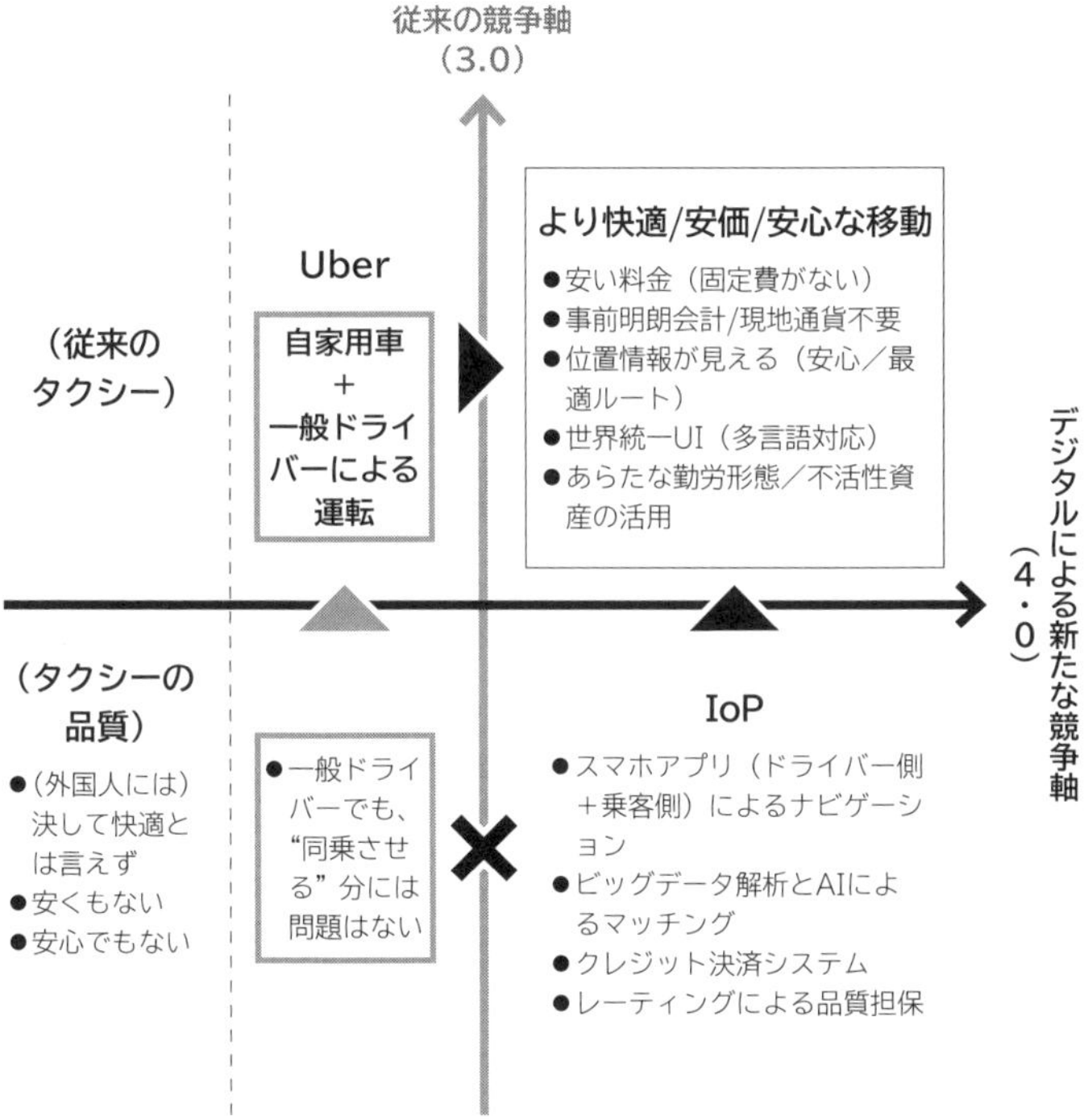

金額が表示されるし、チップなどもなく明朗会計

●「車両の快適さ」と「運転技術」は、乗客による評価で担保。清潔度・安全度が少しでも低いとウーバーの登録から外されてしまうので、ドライバーは非常に気を使っている

ウーバーを海外で一度でも使ったことがあれば、こうした「安心・快適な乗車エクスペリエンス」については誰もが認めるのではないだろうか。

日本ではウーバーというとすぐ「白タクは安いかもしれないが危険だ」というところに議論が行く。だが**ウーバーが顧客に提供している本当の価値は「安さ」ではない。「安心・快適・明瞭な料金」をデジタル・テクノロジーによって実現した**からこそ、世界中で売上を伸ばしているのである。

そして２０１８年７月には、衝撃的なニュースが飛び込んできた。ウーバーの営業が事実上禁止されている日本で、中国版ウーバーである「滴滴出行（ディディチューシン）」とソフトバンクが組み、タクシー会社向け配車サービスを開始すると発表したのだ。これは滴滴出行が提供している**IoPのすべてを既存タクシー事業者に提供**し、「事前明朗会計・キャッシュ不要」「位置情報が見える（安心・最適ルート）」「世界統一のユーザーインターフェース（多言語対応）」という３つの価値を提供するわけだ（ソフトバンクは滴滴とウーバー両社の筆頭株主である）。

ウーバーは「タクシー」という専用の稼働資産は持っておらず、つまり既存事業（【左上】）は存在していなかった。にもかかわらず、【右下】のIoPを備えることによって、「自家用車＋ドライバー」という〝遊休資産〟を動員し束ねることに成功し、結果的に【右上】で新たな価値を実現したわけだ。

つまり第4次産業革命とは、要するに【右上】の「顧客の真の欲求」を、より高い次元で満たす、という越境バトルロイヤルであるのだが、「そのために既存資産を自らが所有している必要は必ずしもない」ということだ。それどころか、ウーバーのように、むしろ既存資産を所有していないほうが有利なケースもある。所有していなければ、当然その分ROA（総資産利益率）は高く保つことができるし、その維持管理などの手間もかけずに済む。

だが、いっぽうで「資産を所有しているからできない」という話でもない。そこに、この十字フレームワークのポイントがある。既存事業があっても（たとえば、タクシー会社であっても）、同じことはできるのだ。

なぜデジタルはそこまで破壊力があるのか？

本章で見てきたように、第4次産業革命は、製造業・サービス業を問わず、あらゆる産業に革命的なインパクトを巻き起こしている。そのすべての原動力、ヨコ軸に相当するのが「デジタル」である。

だがあなたは、**そろそろ、疑問を抱き始めたのではないだろうか。「なぜデジタルがそれほどの力を持っているのか?」**と。たかがＩＴではないのか、ＰＣやＥメールの延長の技術ではないのか、それがビジネスや社会に「革命」とまで称されるインパクトを与えつつあるのは、なぜなのか? と。

次章ではこの革命の原動力となっている**「デジタル」の本質を解明することにしよう。**そうすれば、あなたは本書の題名である「Why Digital Matters?」(〝なぜ〟デジタルなのか)について、より深く理解できるようになるはずだ。

3章

「デジタル」と「フィジカル」の本質的な違い

そもそもデジタルとは何か?

デジタル時計、デジタルテレビ、デジタルサイネージ、デジタルマーケティング……世の中には、頭に「デジタル」とつく名前のものが多数ある。また、名前にデジタルと入っていなくても、たとえば、ＩＴ、ビッグデータ、ＩｏＴ、ＡＩ、ＶＲ（バーチャルリアリティ）のように、実態はデジタルそのものであるテクノロジーもたくさんある。

デジタルはもともとコンピューターの情報処理方式を指す技術用語だが、現在ではＩＴ（情報技術）やエレクトロニクス（電子工学）とほぼ同義語として、幅広く使われるようになった。たとえば、「デジタル化」といえば、データを数値化するだけでなく、さまざまな仕組みの中に「ＩＴを取り入れる」といったことも意味するようになった。

そして前章で見てきたように、デジタルは第４次産業革命の推進力となって、あらゆる業界のすべての企業にインパクトを与えつつある。したがって、日本企業を引っ張るあなたが「デジタルの本質とは何か」を理解しておくことは、極めて重要である。

だが、「デジタル」とは、そもそも何なのだろう?

デジタルの対語は「フィジカル」

もしデジタルの対語は何ですか？　と聞かれたら、「アナログ」と答える方が多いだろう。しかし、**現在の企業経営を考えるうえでは、デジタルの対語は「フィジカル」である、と理解する必要がある。**

ここでいう「フィジカル」とは、**物理的な「モノ」**を指す。すべての自然物をはじめ、われわれが日ごろ目にしているほとんどの物体はフィジカルだ。もちろん、われわれ人間自体もフィジカルである。

それに対比して、**電子化された情報、すなわち実体がなく、目に見えない情報のことを「デジタル」と呼ぶ。**コンピューターは一般に「電子の動き」を利用して情報を処理するが、コンピューターが処理を行う際に情報を「0」と「1」の電気信号に変換し、0と1の組み合わせで認識する技術がデジタルだ。

デジタルの特長は「速い」＋「劣化しない」

フィジカルと対比して、デジタルの**特長は2つある。**

ひとつめは、電子は質量が非常に小さいため、**非常に「速く」動かすことができる**ことだ。たとえば、インテル製の高性能ＣＰＵ（中央演算処理装置）の処理速度は、最近では４ＧＨｚ（ギガヘルツ）を超えている。４ＧＨｚとは要するに、１秒あたり40億回の情報処理ができるということだ。フィジカルなモノではちょっと想像もできない速さで動作ができるのが、デジタルである。

またその伝送速度（通信速度）も極めて速い。たとえば電子メールは地球の裏側にでも一瞬で届く。だがフィジカルな「手紙」はどうだろうか。江戸時代には江戸から大坂まで、早飛脚でも５日かかった。現代の「郵便」でも、早くても翌日にならないと届かない。

ふたつめの特長は、デジタルなデータは**複製あるいは伝送しても劣化しない**、ということだ。ということは、デジタルのデータは、**「コピー」が簡単にできる**ということでもある。たとえばフィジカルな「写真」をコピー機で複写し、それをまた複写し……と繰り返していくと、写真の画質は必ず落ちていく。しかしデジカメで撮ったデジタル写真の画像データは、一瞬でコピーすることができ、かつ何度複製しても画質はまったく変わらない。

以上の２点は誰でも知っている一般論であり、今さら言われるまでもないと思われるかもしれない。しかし**この2点こそが、「デジタル」と「フィジカル」の根源的な違いであり、現在の「デジタル・**

イノベーション」のすべての源になっていると意識している人は多くない。

デジタルの5大特長とは

前項で説明した「デジタルの本質」は、フィジカルと対比させることで、よりわかりやすくなる。これをＳＡＰでは「デジタルの５大特長」(Five forces of Digital) と呼んでいる。順に説明していこう。

1. 差分コストゼロ

デジタルの最大の特長は、**初期費用はかかるが、初期投資が終わったあとのランニングコストは非常に低い**、ということだ。

ここでは、スーパーマーケットが新聞に折り込んで配布しているチラシを例にとって説明しよう。あるスーパーで、土曜日にチラシを配布するとする。これには、一定のコストがかかっている。紙を買い、印刷し、新聞配達店に委託して配布させる、というコストだ。

次に、火曜日にもう一度チラシを撒くとすると、コストはいくらかかるか？　答えは、当然ながら、「ほぼ同額かかる」だ。**フィジカルな世界では普通、何をするにも、ほぼ必ずコストが発生する。**

さて、スマートフォンのアプリに「チラシアプリ」というカテゴリーのものがある。主婦が持っているスマホのアプリに、チラシのコンテンツ（つまり安売り情報）を送り込む、というサービスだ。このコスト構造を考えてみよう。

チラシアプリそのものの開発にはもちろんコストがかかる。おそらくそれ以上に、主婦の方々のスマホに〝行き渡らせる〟ための、マーケティングやキャンペーンのコストがかかるだろう。つまり初期投資にはけっこうなコストがかかる。

しかし、いったんアプリが行き渡ったとして、毎週土曜日にそのアプリにコンテンツを送り込むコストはいくらか？　これは**「事実上、ほぼゼロ」**だ。コンテンツができたら、「送信」のボタンを押せば、安売りの情報が「デジタルのデータ」として各スマホに飛んでいって、それで作業が完了するわけだ。

では火曜日にもう一度、安売り情報をスマホに配布するとすれば、いくらかかるか？　同じく、コストはほぼゼロだ。つまり、**デジタルの世界においてはランニングコスト、差分コストは「限りなく低い」**のだ。

2. 無制限

これは、デジタル情報を処理するコンピューティングの能力が限りなく上がってきているので、**「コンピューターの能力が足りなくて実現できないものはほぼない」**ということを指す。

たとえばフェイスブック（Facebook）のアクティブユーザー数は現在約20億人とされる。つまり20億人に20億通りのコンテンツを、ほぼリアルタイムに表示しているわけだ。あなたがフェイスブックのユーザーだとして、何らかの情報をフェイスブックに投稿すれば、それはすぐにあなたの友達の「タイムライン」に表示されるし、誰かが「いいね！」を押せば、それも即座にあなたのタイムラインに表示されてくる。

これはＩＴの観点から見れば、ものすごいコンピューティング・パワーを必要とする情報処理だ。ひと昔前のコンピューターでは、ちょっと考えられなかったほどのパワーを要する。しかし昨今のＩＴ能力はどんどん上がり、コストはどんどん下がっているので、相対的な費用対能力はものすごく向上している。

さらに、インターネットを通じてコンピューターのキャパシティを共有する、いわゆる「クラウド」という仕組みを活用することで、コンピューティング・パワーが極めて容易に手に入るようになっている。もはや、**デジタルに関しては、処理能力は制約条件にならないと考えてよい**、ということだ。

3．時差ゼロ（リアルタイム）

これはデジタル畑の方にしてみれば、当たり前すぎて今さらという感じだが、フィジカル畑の方にとってはそうではないだろう。

スーパーのチラシの例でいえば、土曜日に配られているチラシは、ふつう火曜日あたりに作成の締切りがある。チラシのコンテンツつまり安売り情報が確定した後、製版→印刷→配布にはそのくらいのリードタイム（受注から完成まで）が必要だからだ。

いっぽうデジタルなチラシアプリでは、極論すれば、そのリードタイムはゼロだ。安売り情報が確定したら、それを即座に配信することができる。

だから、たとえば、スーパーが閉店間際の20時50分に、あと3つだけ残っている刺身パックがあったら、「その半額クーポンを、店内（あるいは店舗から半径○メートル以内）にあるスマホだけに送り込む」こともできるし、「最後の3つめの刺身パックがレジを通った瞬間にそのクーポンを止める」こともできる。フィジカルなチラシでは想像もつかないことだが、逆に**デジタル世界では時差ゼロを前提にしてサービスを組み立てることができる。**

4. 記録・分析・予測

デジタルでは、**何を処理しても、その履歴を詳細に記録することができる**ので、それに基づいてさまざまな事象を細かく分析することができるし、分析に基づいて将来の予測も立てられる。

フィジカルなチラシの場合、たとえば1万枚を配布したとして、配布したチラシが「その後どうなったのか」を知る手だてはまったくない。何割が読まれ、何割は読まれることなく捨てられてしまったのかさえ、まったくわからない。出しっぱなし、配りっぱなし、だ。

いっぽうチラシアプリであれば、情報を受け取った相手の行動がすべてわかる。「何割の人が見たのか?」「見たのは配布直後か、夕方か、翌日か?」「見たのは男か女か?」「主にチェックしたのは肉か魚か野菜か?」などをすべて知ることが可能だ。

たとえば「この人は魚ばかりチェックしているな」とわかれば、魚の情報を優先的に表示することができるし、「子どもがいるようだ」とわかっていれば子ども用品の情報を表示することもできる。

このように、**デジタルでは過去の履歴情報のすべてを詳細に蓄積でき、そして、それをもとにして将来を予測することができる**のだ。

5. 明細×組み合わせによるパーソナライズ

デジタルでは、100人に100通りの、あるいは百万人に百万通りの情報を提供しても、コストはほとんど変わらない。したがって、前項の「記録・分析・予測」に基づいて、ひとりひとりの購買傾向や好みに合わせてパーソナライズした情報を提供することもできるわけだ。

もし紙のチラシで同じことをしようとしたら？　つまり、主婦ひとりひとりの過去の購買傾向にあわせて内容を変えたチラシを印刷し、それを間違いのないようひとりひとりに届けようとしたら？　コストが莫大になりすぎて、到底不可能だろう。

しかしチラシアプリであれば、これは造作もなくできる。購買される可能性の高い商品の情報を前面に押し出す（情報の順序を変える）のはもちろんのこと、顧客ステータスによって値段を変える（優良顧客には優遇価格を適用する）とか、そもそも優良顧客だけにしか情報を見せないこと（限定品の提供）もできる。

このように、**追加コストほとんどなしで、顧客ひとりひとりを識別し、それぞれに対してサービスをパーソナライズできる**のが、デジタルの大きな利点だ。

これら**5大特長こそがデジタルの本質**である。見てきたようにこの5点は、**従来のフィジカルな世**

界では想像もできなかった、あるいはまったく不可能であったようなインパクトを発揮する。だからこそ第4次産業「革命」とまで呼ばれるような事象が次々に起きているのだ。

企業のすべてのデジタル戦略はこの5大特長を生かすように設計しなくてはならない。逆にいうと、もしあなたの会社のデジタル関連の施策が、この5大特長をきちんと生かせていないとしたら、その施策にはまだ改善の余地があるということだ。

「コスト構造」を理解することがデジタル戦略の成否を握る

フィジカルとデジタルの本質的な違いをはっきりと認識していないと、つまりデジタル世界のものをフィジカル世界と同じように扱ってしまうと、デジタルのメリットを享受できないばかりか、かえって高くつき損をすることになる。

具体的には、**「フィジカルとデジタルの違い」がもっとも大きいのは「コスト構造」だ。この違いを理解しているか否かが、すべてのデジタル戦略の成否を握っていると言っても過言ではない。**

フィジカルとデジタルはコスト構造が全く違う

前項のチラシの例でも見たように、フィジカルの世界では、何かを作れば（あるいは運べば）、必ずその都度コストがかかる。当たり前のことだ。

コストとは具体的には「初期費用」と「都度費用」に分かれる。たとえば、製造業では、初期費用とは、最初の製品を作るのに必要な研究開発投資。都度費用とは、研究開発が終わって量産できるようになった後、ひとつひとつを生産（あるいは運搬、保管）するための費用だ。それが最先端の半導体チップであろうと、コンビニで買うポテトチップスであろうと、初期費用と都度費用は発生する。

ところが、デジタルの世界の場合、初期費用はかかるが、それが終わったあとの**「都度費用」は、限りなくゼロに近い**。生産とは実際にはデータをコピーするだけだし、運搬とは実際には（すでに引かれている）回線の中を電子が走るだけだからだ（図表18）。

住宅と企業向けソフトウェアの例

たとえば建売りの住宅をひとつ建てるのに3000万円のコストがかかったとする。

次に、それとまったく同じ設計の家をもう1軒建てるコストはいくらか？

図表18 ● フィジカルとデジタルのコスト構造の違い

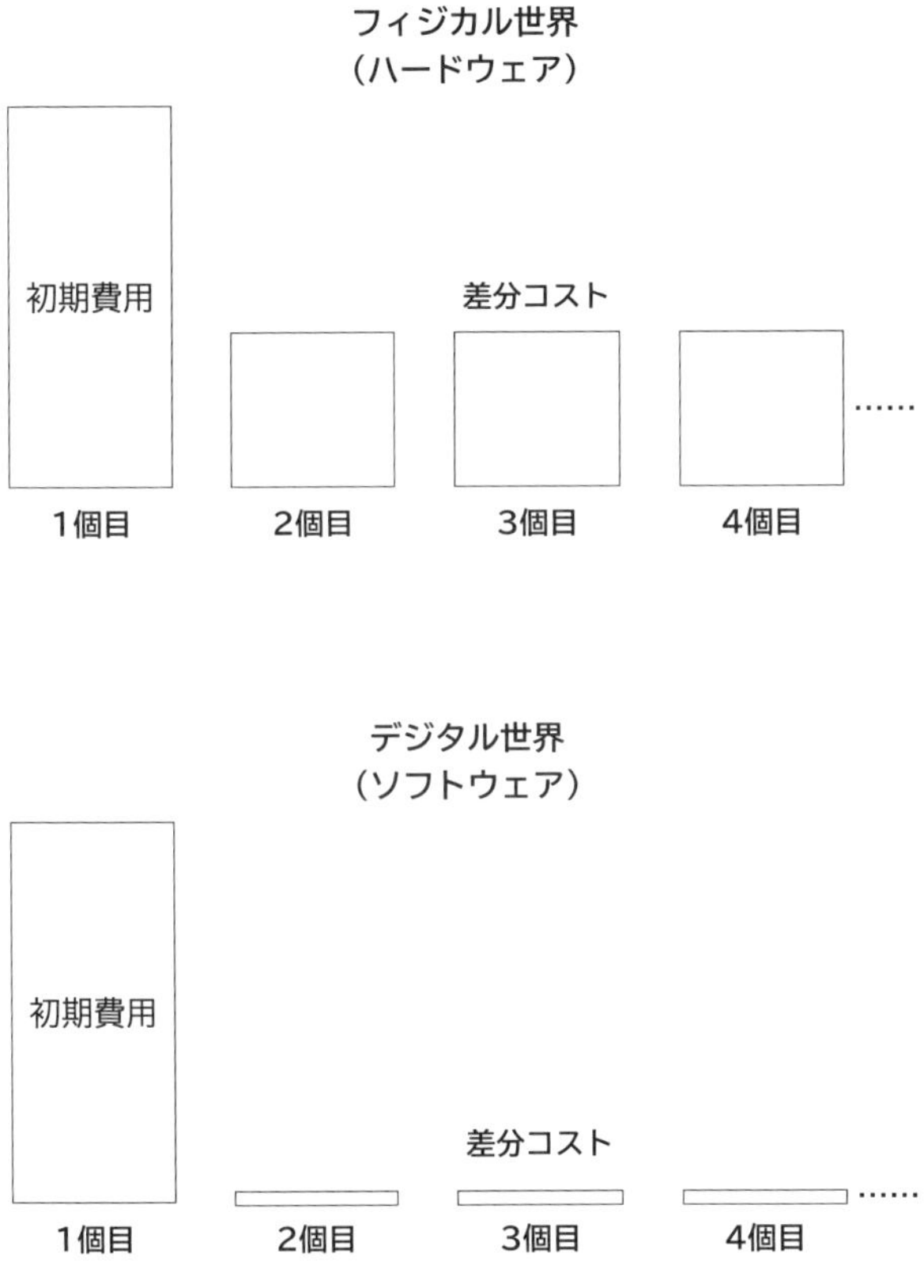

フィジカルと対比すると、デジタルは初期費用はかかるが、
以降の差分コストは限りなく低い

まったく同じ設計にすれば設計料は節約できるかもしれないが、それ以外のコスト（部材や工賃）は1軒目の家と同じだけかかる。２７００万円くらいでは作れるかもしれないが、それ以下にはならないだろう。３軒目以降も、２７００万円ずつだ。だから、たとえばまったく同じ設計の家を10軒建てたときの1軒あたりの平均コストは、２７３０万円ということになる（部材や工賃２７００万円＋設計料３００万円÷10）。これがフィジカル世界のコスト構造だ。

いっぽう、デジタル世界ではどうか？　たとえば、企業向けにあるソフトウェアを開発するのにかかったコストが３０００万円だったとする。次に同じソフトを別の1社にも売ったらどうなるか？　開発はすでに終わっているから、差分コストはほぼゼロであり、したがって2社合計でのコストは半額の１５００万円となる。

では、そのソフトが計10社に売れたら？　1社あたりのコストは３００万円となる（３０００万円÷10＝３００万円）。もし１０００社に売れれば、1社あたりのコストはわずか3万円に低下する。

つまり、**コストを、販売した数だけ分担できる**わけだ。

書籍の例

このコスト構造は、工場で大量生産しているようなモノの場合でも変わらない。たとえば、あなたが手にとっているこの「書籍」が、従来型の紙の書籍だった場合。執筆やデザイン、製版といった「初期費用」の後に、「印刷」↓「配本」↓「店舗での販売」というプロセスがあり、その各々でコストがかかる。もし100万部売れれば、100万冊分の紙を印刷し、配本し、販売しなければならない。

ところがこれが電子書籍になるとどうなるか?　「執筆／デザイン／製版」つまり初期費用が発生するプロセスが終わったら、次はもう「販売」(ダウンロード)だ。ということは電子書籍の場合、極論すれば、**1部しか売れなくても、100万部売れても、コストは一緒**なのだ。

アマゾンのキンドルストアから電子書籍を買う場合、われわれはなんとなく、巨大な倉庫に本がたくさん積んであって、Webからオーダーが来ると1冊ずつ吐き出している、といった〝フィジカルな倉庫〟をイメージしてしまう。しかし実際には、キンドルストアにあるのは巨大なチェックリストだけだ。たとえばあなたが書籍Aを〝買う〟と、該当するマス目にチェックが入る。あとはキンドル端末であろうとスマホであろうとPCであろうと、あなたのアカウントに〝配信〟してよいのはどの書籍データか？　というチェックに従ってダウンロードを許可するだけだ。

ビジネスにおいてきわめて重要な製品の**生産コストが、デジタルでは「2個めからはほぼゼロ」である、**という事実を、あなたはどこまで明示的に認識していただろうか。

どちらが良い悪いの話ではない

誤解しないでいただきたいのだが、このデジタルとフィジカルの話は、どちらが良いとか悪いとかではない。デジタルのほうが、すべての点において優れているというわけでもない。単に、**デジタルとフィジカルはコスト構造が根源的に違うのだから、その違いを理解し、いいとこ取りをする必要がある、**というだけだ。

ちなみに「世界はソフトウェアでできている」とか「デジタルが世界を支配する」とかいった言説も目にするが、これは世間の耳目を集めるために、あえて過激な表現をしていると考えるべきだろう。つまるところ、人間はフィジカルな存在だし、たとえば食べ物（食料）だってフィジカルだ。人間は電気信号を食べて生きることはできない。

そもそもデジタル、つまり1と0の電気信号の束だって、それ自体では存在できない。それを媒介してくれるハードウェア、つまりフィジカルがあってのデジタルだ。たとえばデジタルテレビは、それ自体はフィジカルなモノだ。コンピューターも、CPU（中央演算処理装置）も、メモリーも、LANケーブルもフィジカルな物体だ。DVDに収められているのはデジタルの電気信号だが、DVDそのものはポリカーボネートでできているフィジカルなモノだ。主従関係で言えば、フィジカルが主で、デジタルは従なのは明らかだ。

だがその「従」の存在であるデジタルが、性能がものすごく上がりコストがものすごく下がったがゆえに、さまざまな役割を果たせるようになり、結果として主である**フィジカルの世界のギャップを埋め、補ってくれる**ようになったのだ。

フィジカル世界のギャップをデジタルが埋める

たとえば2章で取り上げたcar2goのカーシェアリングは、デジタル技術（IoT、スマホ、IT）によって、**「乗りたい人がココにいるという情報」と「駐車してあるクルマの位置の情報」を極めてローコストに、かつリアルタイムにつなぐ**ことが可能になったがゆえに成立している事業である。

デジタルは所詮バーチャルな情報にすぎない。人間はデジタルに〝乗って〟移動することはできない。人間が乗れるのはクルマなどフィジカルな移動手段だけだ。そしてクルマはほんの数百メートル先に駐車されている。しかしもし、この2つの情報をつなぐ手段がなければ（つまり利用者がクルマを発見しなければ）、そのクルマが利用されることはない。

ウーバーも同様に、**「乗りたい人」と「乗せたい人」を、デジタルの5大特長を生かして、**1．差分コストゼロ、2．無制限、3．時差ゼロ（リアルタイム）、につなぐことができるようになったことで初めて実現している事業である。そして4の「記録」はドライバーと乗客双方のレーティング（評判）の管理＝信頼感の醸成、「分析・予測」は曜日・時間帯・天気などに合わせて需要が増えそうな場所をあらかじめ予測しドライバーに伝える機能に使われて、「乗りたい人はいるのにクルマがいない」というギャップを先回りして埋めようとしている。

デジタルは事業戦略の根幹を揺るがしつつある

日本の経営者の中には、「デジタル化って、要するに、ＰＣとかネットとかを使って仕事をすることでしょ？」と思っている人も多い。つまり15年以上前、紙の文書の内容がＥメールで送られるようになったことと同じレベルで、デジタルへのシフトを捉えているのだ。

また「自分は専門家ではないから、デジタルのことはIT部門に任せておけばよい」という程度の認識の人もいる。

どちらも、大きな誤りであることは、すでにおわかりいただけたことだろう。デジタルの活用によって、ビジネス上の競争条件は根源的に変わっている。**10年前にはまったく不可能であったことが、今は可能になっているのだ**。そして競合企業は、もしかすると思いもよらないところから、越境バトルを仕掛けてくるかもしれない。

ソフトウェアは自社開発したら負け

ここまで「デジタル特有のコスト構造」について見てきた。では、あなたの会社が今後デジタル戦略を検討する際に、このデジタルの特徴はどう関係してくるのだろうか？

結論から言ってしまうと、**「ソフトウェアは極力、自社開発してはいけない」**ということだ。なぜなら自社開発してしまうと、その**開発コストは「全額、自分持ち」**になるからだ。前述のように、初期コスト（1つめを開発するコスト）はかかるが、それが済んだあとの差分コスト（2つめ以降のコスト）は限りなく低い、のがデジタルの特長である。したがって、できる限り自社開発（＝初期コストの全額自己負担）を避け、多くの他社と開発コストを分担することが、デジタル世界では肝要である。

パッケージソフト＝開発コストの案分

開発コストの案分という意味では、「世界最高のデジタル製品」は、おそらくマイクロソフト「Office」だろう。あなたのPCにも入っている、Excel や Word、PowerPoint などの製品群である。

Office95から最新の2016に至る開発費が累計いくらなのかは公表されていないが、ここではものすごく大雑把に、25年間で累計2・5兆円だったと仮定してみよう（年1000億円（＝年間コスト2000万円のエンジニア×5000人）×25年）。

一方、Officeを「買った」ユーザーは、累計25億人はいるだろう（たとえばあなたがOffice95の時代からのユーザーであれば、その後97、2000、XP、2003……と数年おきに「買っていた」ことになるから、実際にはあなたは「5人」くらいにカウントされている）。

とすると、**ユーザー1人あたりの開発コストはわずか1000円**ということになる。これを実際には1万〜2万円で販売しているのだから、利益が出るのも当然だ。多額の利益を開発資金に回し、さらなる開発投資を続けることが可能になる。だがあなた個人としてみれば、**累計2・5兆円の開発費をかけた製品をわずか1万〜2万円で買えているわけだ。**

また個人でなく企業が使うシステムでも、たとえばSAPの基幹業務パッケージソフト「SAP ERP*」は38万社が使っているという。つまり開発コストを38万社で分担できているわけだ。

＊最新の製品名はSAP S／4HANA

自社開発ソフト＝全額自分持ち

いっぽう、「世界で最も割高なソフトウェア」とは、繰り返し述べているように、自社開発に巨額の資金を投入しているすべてのシステム案件だ。数十億円、数百億円、数千億円を投じてシステムを自社開発している企業は、その全額を自己負担しなければならないからだ。開発コストを1社で全額負担するのと、38万社で分担するのとでは、コスト競争力が決定的に違うことは明らかだろう。

もちろん、「買ってくる」ことができない、つまりパッケージが「売っていない」ソフトウェアの場合は、ほかに選択肢がないのだから、自社開発もやむをえない。特殊な業界や特殊な用途では、汎用品がそもそも作られていないケースも十分ありうる。それは仕方がない。

しかし、実用に足る市販ソフトウェアがある場合、それを使わずに「自社開発する」ことを正当化するのはコスト的には極めて難しい。

IT業界では垂直分業が常識

このようなコスト構造があるため、IT業界では数十年前から、垂直統合ならぬ「垂直分業」が一般的になっている。ひとつのコンピューターを構成するパーツでも、CPU（中央演算処理装置）はインテル、OS（オペレーティングシステム）はマイクロソフト、DB（データベースソフト）はオラクル、アプリケーションはSAPといったように分業のレイヤ（階層）が自然に定着し、**あるレイヤでトップの企業でも、ほかのレイヤは他社に任せる（つまり自社では開発しない）**、ということが普通に行われてきた。

実際には、こうした垂直分業は、フィジカルな業界にも普通にある。たとえば、自動車メーカーでタイヤも作っているという会社はない。タイヤは自動車には100％付いており、乗り心地にも影響する重要部品のはずだが、だからといって自社で開発・製造している自動車メーカーはいない。それはタイヤの生産には特有のノウハウがあり、自社で手掛けるより、買ったほうが安くつくから、に他ならない。

しかしデジタルの世界では、その分業がより進んでいる。なぜなら、前述のとおり、一度製品を開発し終わったら、それを「使う」ときの差分コストは事実上ゼロなので、（売り値はゼロでないにしても）相対的には安くつくからだ。

デジタルでは一人勝ち構造が強く働く

そして前述のとおり、ＩＴ業界などデジタル世界では、いったんいい製品ができてしまうと（＝研究開発投資が済んだあとは）、差分コストは限りなくゼロなので、コスト競争力が非常に強くなる。

そして、あるレイヤでトップの地位を築くと、「トップである」こと自体が最大の魅力となって、さらに取引先が集まってくる、というネットワーク効果が非常に強く働く。その結果、**ＩＴ業界ではレイヤごとに「一人勝ち」、あるいはせいぜい2～3社のトッププレイヤーが市場を寡占する形になりやすい**傾向がある。

また裏返して言うと、一人勝ちになりやすいということは、長い目で見て**〝勝ち馬に乗る〟ことが重要**、ということでもある。勝ち馬には、さらにその周辺製品や補完製品も集まってくるので、雪だるま式にさらに強くなっていくからだ。

メンテナンスコストもまた、分担できる

またソフトウェアは、開発が終わったあともカネがかかる。ハードウェアと違い、ソフトウェア自体は何年たとうが劣化はしないが、それを取り巻く周辺環境のほうが変わっていくからだ。たとえば法律が変われば企業ソフトは対応を迫られるし、スマホが普及すれば社員はスマホからもアクセスできることを当然のこととして期待を始める。

そして、そのメンテナンスコストもまた、分担できる。パッケージソフトであれば、「保守料」という概念があり、多くのユーザー企業から集めた費用を使ってメンテナンスへの対応を行っていく。いっぽう、自社開発したものは、その対応も自社で行わなくてはならない。もちろん、全額、自社負担である。ここでも、「ソフトウェアは自社開発したら負け」なのである。

繰り返すが、パッケージが存在しない、つまり誰も作っていない分野なら仕方ない。しかしパッケージが存在しているのであれば、それを使ったほうが安くつくのは自明である。

4章

日本の現実は「2.5」

インダストリー4.0の本質は「全体最適」

間違いだらけのインダストリー4・0への認識

ドイツ政府が2011年に発表し、国家戦略プロジェクトとして推進している**「インダストリー4・0」**が日本でも注目され、とくに製造業を中心に2015年から17年にかけて一大ブームを巻き起こしたことは、ご記憶の方も多いだろう。だが残念ながら、**日本国内では「インダストリー4・0の本質は何なのか？　何が本当の脅威なのか？」について、正鵠《せいこく》を射た議論はほとんど行われていない。**

インダストリー4・0に関して、日本のマスコミでは〝木を見て森を見ず〟な論評が飛び交ったうえ、流行に飛びつきがちな日本市場の特性もあいまって、とくに2016〜17年は、製造業で「スマート工場」が大いにもてはやされた。**「IoTを取り入れて工場の生産性の向上を図ることが、インダストリー4・0である」と曲解されてしまった**わけだ。

だが、本章で解説するとおり、インダストリー4・0が視野に入れているのは「第4次産業革命」であり、**デジタルの力を利用して企業内の業務プロセスや企業間をシームレスにつなぎ（フィジカルなギャップを埋め）、全体最適を実現すること、**である。これは製造業と非製造業を問わない。

いっぽうスマート工場は「生産」という一プロセスの中のカイゼンにすぎず、それだけに注力することはむしろインダストリー4・0が目指す全体最適とは対極にあると言ってよい。

欧米企業の多くは、90年代~00年代に業務プロセスのＥＲＰ（基幹業務システム）化、すなわち「インダストリー３・０」への移行を完了した上で、さらにインダストリー４・０に対応してビジネスモデルをバージョンアップしつつある。いっぽう日本企業の現状はといえば、グローバルに事業展開している大手企業でさえ、**実質的に「インダストリー2・5」**のレベルに留まっているケースも少なくない。

もはや日本人社員の強い現場力に頼るのも限界に達しつつある。いまこそ日本企業をリードするあなたは、「働き方改革」といった実体のないキーワードに踊るのでなく、現実を見据えた施策に踏み出す必要がある。

インダストリー4・0とはすべての産業のデジタル化

ヘニング・カガーマン博士。２００９年から９年間にわたってドイツ工学アカデミーの会長を務め、インダストリー４・０の生みの親と称される。２０１８年８月、ＳＡＰジャパンの招聘《しょうへい》に応じて来日したカガーマン博士は、講演の中で以下のように述べた。

●08年のリーマンショックの後、苦境に陥ったドイツ産業界を立て直すため、産官学が一体となって社会全体を近代化し、循環型社会へと発展させていくという方針ができた。具体的にはＩＴと

ＩｏＴ、つまり「デジタル」の力を取り入れて進めていく、という提言をまとめ、これを第4次産業革命つまりインダストリー4・0と名付けた

●インダストリー4・0はまず13年にドイツの主要産業である製造業から着手したが、その後15年には対象をサービス業に広げ、さらに17年には「社会全体の自律化」へ、と着実に当初のビジョンを実現しつつある

●日本と同様、ドイツ製造業も、経験の長い熟練工の〝匠の技〟を差別化要因としてきたが、そこにデジタルの力を加えることで、単なる「モノづくり」でなく、モノが発揮する機能を売る「コトづくり」に視線をシフトしてきた

●「つながること（Connected)」それ自体は3・0の時代からあるもので、それだけでは4・0が目指す全体最適にはつながらない。可視化、透明性、予測可能性、自律化、へと発展していくことが目的である

いっぽう日本政府も、ドイツの動きに呼応するように、16年4月には**「ソサエティ5・0」**を発表。工業社会（3・0)、情報社会（4・0）に続く「超スマート社会」（5・0）を目指す、と打ち上げた。さらに17年3月からは、ソサエティ5・0を実現するための実行施策として**「コネクテッド・インダストリーズ」**を推進している。

どちらも、前章までで見てきた**「デジタルの力」を取り込むことで、フィジカル世界のギャップを**

埋め、企業や社会の生産性と競争力を引き上げていこうという基本方針である。

ところがいっぽうで、とくに国内製造業の一部には、インダストリー4・0を単なる「スマート工場」あるいは「生産工程へのIoTやAIの導入」と狭く捉えてしまい、むしろインダストリー4・0が目指す「全体最適」のコンセプトには逆行する方向への動きもある。具体的に見てみよう。

カイゼンしか知らない日本勢、全社視点で戦おうとする海外勢

製造業の生産プロセスはどうなっているか

図表19を見ていただきたい。「製造業」の生産プロセスをごく単純化した図だ。真ん中に「工場（生産）」があり、左にその「前工程」、右に「後工程」を置いている。

前工程はおもに「設計」「受注」「調達」の3系統がある。工場は研究開発部門が「設計」した図面を受け取って製品の生産を開始する。生産数量は営業部門が顧客から取ってくる「受注」の数に合わ

せるし、適切な部材や原料が揃っていなくては作れないから「調達」の工程もある。この3つの前工程の後に、工場での「生産」が行われる。

いっぽう後工程には「物流」「保守」「部品」などがある。製品のカテゴリーによっても大きく異なるが、生産された製品は、「物流」のプロセスによって顧客または代理店、販売店などに運ばれていく。製品寿命が長いものなど、「保守」のプロセスが製品の品質そのものと同じくらい重要なカテゴリーも多く、また「部品」の管理と、注文に応じた部品の供給も重要であることが多い。

世界最強の現場を作ったカイゼン

この中で、日本の製造業が圧倒的な強みを持つのが、中央の「生産」の工程、つまり「工場の現場」だ。

日本の製造業の生産技術を世界最高峰に押し上げた原動力が、生産現場におけるカイゼン活動であることは論を俟たない。きわめて勤勉で優秀かつ勤続年数が長い現場のワーカーが、日々発見する不都合をその都度「カイゼン」し続けることで、世界に類を見ない最高品質の生産現場を作り上げた。

実際、工場の現場を歩くと、現場社員による業務改善の積み重ねには圧倒される。脈々と積み重ねられた経験値が方法論化され、基本として実践されるいっぽうで、さらなる創意工夫が日々追加され

図表19 ● 製造業の生産プロセスの模式図

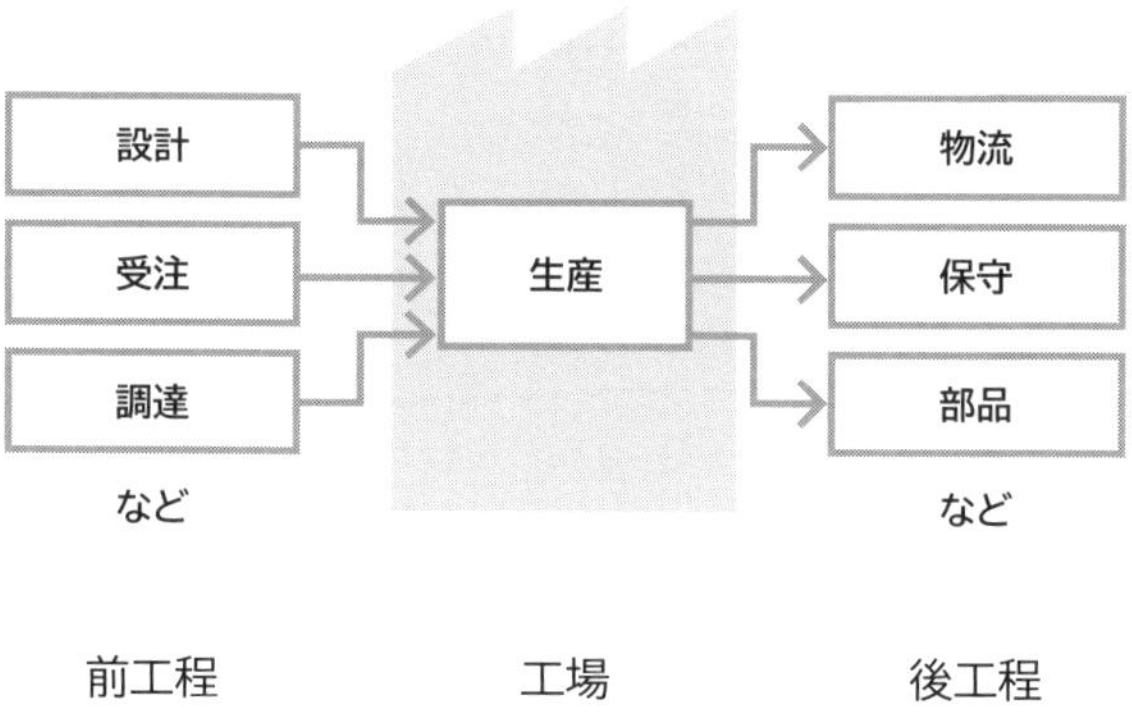

ている。カイゼンは海を越え、世界にも広がっている。「トヨタ生産方式」は自動車業界のみならず、世界のあらゆる製造業、最近では非製造業までが参考として取り入れている。

ところが、この最強を誇った「カイゼン文化」こそが、インダストリー4・0を曲解してしまった、最大の原因でもあるのだ。それはなぜだろうか？

スマート工場はＩｏＴを活用したさらなるカイゼン

インダストリー4・0を「ＩｏＴという新たな技術を用いたカイゼン」と捉えた日本の製造業の一部は、さっそくインダストリー4・0の取り入れ方を考え始めた。その結果として起こったのが「スマート工場」ブームだ。

たとえば、工場に並ぶ製造装置にセンサーを取り付けて、異音や振動、温度上昇などをモニタリングし、いち早く異常を検知して故障の予防につなげる、といった活動だ。

だが、**日本の工場の中は、すでに世界最高水準の生産性**だ。カイゼンの余地、すなわち生産性の向上の〝伸びしろ〟がどのくらい残っているのだろう？（左の図表20）

製造現場に関わる方々は、口を揃えて「いやいや、まだまだ改善の余地はあります」と本心から言う。それは実際、その通りなのだろう。しかし、世界的な視野で見れば、国内の工場の生産品質は頭

図表20 ● スマート工場（つまりIoTを活用した生産工程のカイゼン）にフォーカスする日本企業は多いが……

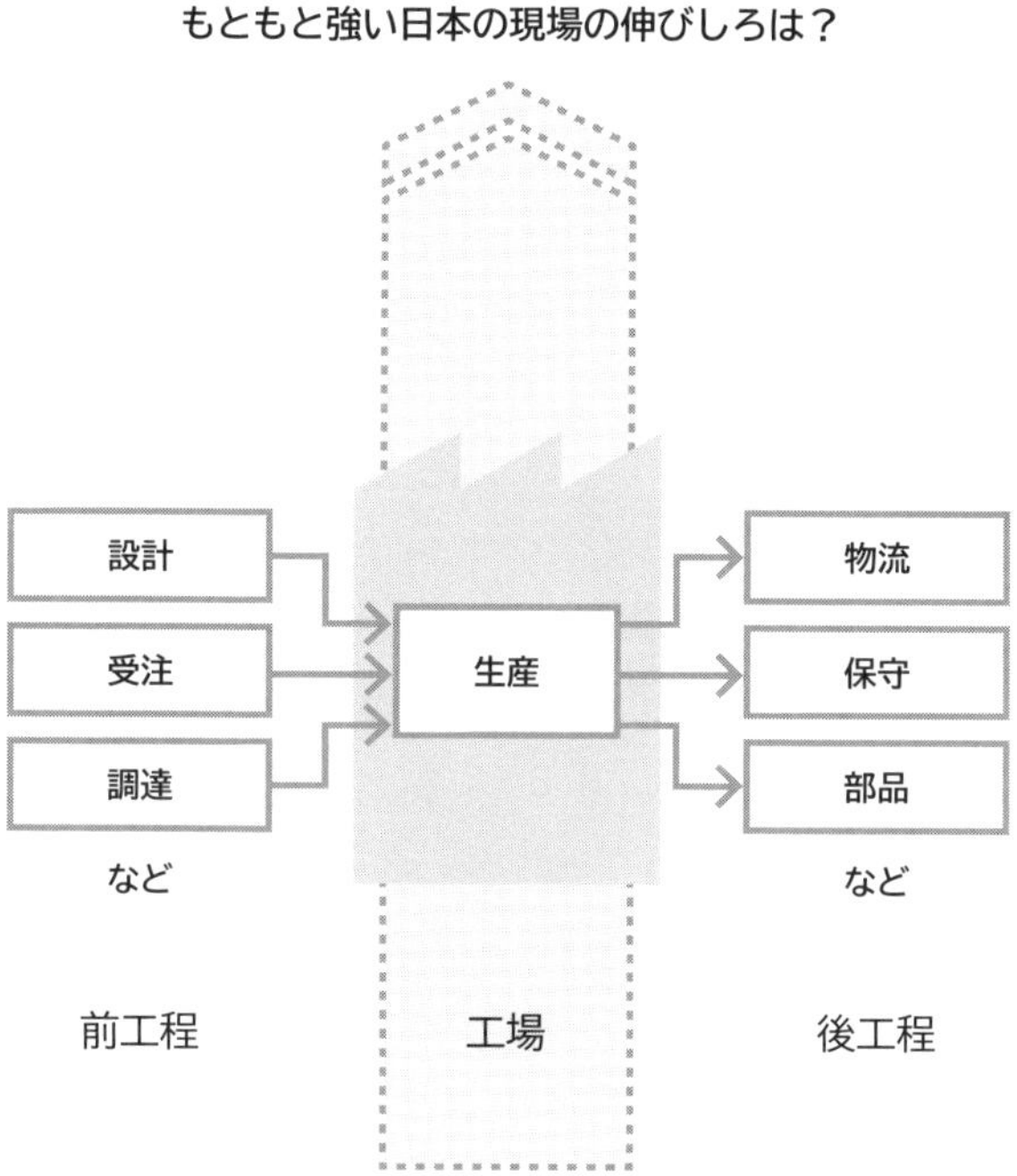

抜けている。逆にいうと、IoTを取り入れた、工場内のカイゼン活動による伸びしろは、相対的には限られる。

「土俵を変える」ドイツ勢

いっぽう、その「世界最高の現場力」にチャレンジし続けながら、ついに勝てなかったのが、ドイツ勢だ。日本と肩を並べる高品質の製品で知られるドイツの製造業であるが、こと工場内では、日本のカイゼンにはかなわなかった。製品の品質ではやはり日本製が一番、ということも多かったのである。内心、ほぞを噛んでいたに違いない。

ところが、デジタル・イノベーション時代の到来をうけ、ドイツ勢は気づいたのだ。日本の製造業は、「生産」の工程、つまり**「工場の中」ならダントツ**だ。しかしいっぽうで、「工場の前・後」、つまり**「前工程」や「後工程」は、業務生産性は必ずしも高くないし、前後の連携もよくない**。それぞれのプロセスが部門ごとに分かれており、個別最適が進むいっぽうで**全体最適が図られていない**ため、全体としての生産性には難がある（次節のA氏・B氏・C氏の話はその具体的な事例である）。

ということは（左の図表21のように）、「工場の中」＝製品の品質で勝たなくとも、前工程と後工程

図表21 ● インダストリー4.0が目指す姿

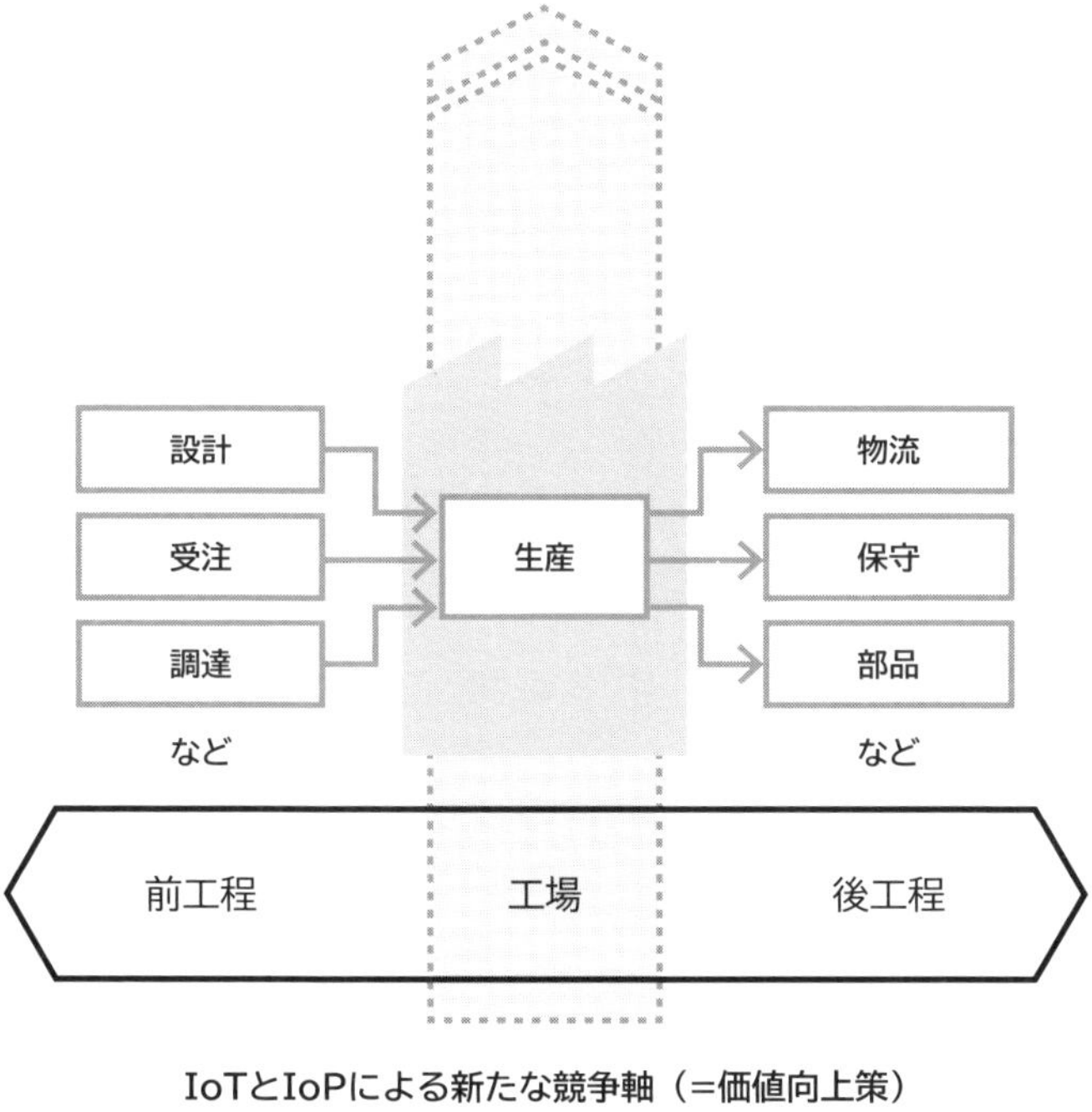

インダストリー4.0は、工場の「中」だけでなくその「前・後」まで一気通貫で“つなぐ”ことによって、顧客に対するトータルの価値の向上を狙っている

も含めた、広い意味での業務品質であれば勝算がある。そこでドイツ勢は、「工場の中」の品質それ自体で勝負するのではなく、「前工程」から「後工程」までを一気通貫につなぎ、エンド・トゥ・エンドのプロセスを**「全体としての顧客価値」として提供することで、製造業の競争の土俵を変えよう**としているのである。

その典型例が、2章で紹介したケーザー・コンプレッサーである。コンプレッサー業界でも、製品単体での品質でいえば日本製は非常に優れている。メンテナンスをせずとも10年間故障知らず、といったケースもあるそうだ。

だが顧客が望んでいるのは必ずしも「10年間メンテ不要」ではない。「ケーザー側が責任をもって適切にメンテナンスを行ってくれ、その結果10年でも20年でも、圧縮空気が安定的に供給され続ける」のであれば、顧客にとってはむしろその方が望ましいからだ。

そこでケーザーは、コンプレッサー単体の品質に加えて、売り切りでなく従量課金での提供、リモートからの異常検知とタイムリーな保守員の派遣、予測保守による先回りの対応、といった「後工程」のサービスと組み合わせることで、顧客の真の欲求に応えようとしているのだ。

この観点では、日本勢が「スマート工場」にいくら注力しても、それはインダストリー4・0を推進するドイツにとっては、**何ら脅威ではない**。むしろ日本が旧来得意としている工場内の部分最適の追求、生産工程カイゼンの延長線上の取り組みにすぎないからだ。

「現場を見ればすべてわかる」こそが落とし穴

ちなみに、「インダストリー4・0先進工場」をドイツに視察に行った日本企業の生産技術のベテランが、「うーん、意外に大したことないね」といった印象を持って帰ってくることがよくある。「ウチのほうが進んでいるんじゃないか?」くらいのことを言うこともある。

日本の生産技術は、過去50年以上にわたって現場のカイゼンに取り組み、結果、世界最高水準の現場の生産品質を作り上げた。彼らこそがまさに、「モノづくりニッポン」を支える、縁の下の力持ちたちだ。

当然、彼らは、「現場を見ればすべてわかる」と強い自信を持っている。それはそうだ。現場を一目見れば改善点がわかってしまう、彼らの経験と見識こそが、世界最高の現場を作ったのだから。

しかしここに大きな落とし穴がある。**彼らは、フィジカルなカイゼンしかやったことがない**のである。前述のように、インダストリー4・0の狙いは「前工程・工場・後工程を**デジタルによって**一気通貫につなぐ」ところにある。つまり、**インダストリー4・0の本質は「工場を視察」しても見えな**

いのだ。

また、「インダストリー4・0的なことは日本企業でも以前から取り組んでいる」といった意見もある。だが彼らが言う「4・0的な活動」とは、要は「スマート工場を作る」ことなのである。

スマート工場が商機なのはわかるが

念のため付記しておくと、日本の製造業には2種類ある。製造装置やセンサーなどのメーカー、つまり**「スマート工場」を売っている製造業**と、**それを買って使う立場にあるその他の製造業**である。

前者の製造装置やセンサーなどのメーカーが、この「スマート工場」ブームを商機ととらえ、ブームをさらに盛り上げようとするのは、企業活動としては当然である。せっかくの盛り上がりを見逃す手はない。「弊社のスマート工場向け製品を導入すれば、現場のさらなるカイゼンが進みます」との主張で盛り上げをはかるのは当然だ。

しかし後者の、**それを「買う」側の企業は、よく注意しなくてはならない**。スマート工場を買えば、工場内のカイゼンはさらに一歩進むかもしれないが、それは従来から得意としていたやり方を続ける（タテ軸を伸ばそうとしている）にすぎず、インダストリー4・0つまり第4次産業革命への対応という観点からすればむしろ逆行しているとすら言えるからだ。

組織の壁を越えられるのは経営陣だけ

こうした状況下、では日本勢は、どのように対応したらよいのだろうか。

結論から言えば、**これに対応できるのは経営者だけだ。**

生産技術部門や工場長は、「生産」の工程にしか権限がない。工場の「前工程」や「後工程」には権限は及ばない。それをやろうとすれば、いわゆる「組織の壁」を越えて前工程や後工程と協力しなくてはならないが、それは過去50年、彼らがあまり得意としていないスキルだ。

しかもインダストリー4・0は文字通り、業務プロセスに「革命的」な変革を起こすことになる。前工程や後工程においても改善レベルでは済まず、これを実行できるのは部門長や部門管掌役員レベルではない。**工場内の個別最適ではなく、全社視点での全体最適を実現する、と経営レベルで決断しなければ絶対に対応できない。**

経営者がインダストリー4・0を「スマート工場化」とみなし、「工場長や生産技術部長が頑張ればよい活動」と誤解している限り、日本の製造業は4・0には近づかないのである。

どちらかが優れているという話ではなく、選択肢

もうひとつ念のため付記しておくと、**「スマート工場化などのカイゼン」と「インダストリー4・0が目指す全体最適」は、いっぽうが常に優れていて他方は劣っているという話ではまったくない。**

前掲の「図表21　インダストリー4・0が目指す姿」における、**タテ軸とヨコ軸のどちらを追求するのが最適かは、企業ごとに違う。**ヨコ軸つまりデジタルの力を借りて全体最適を目指すことのハードルは決して低くない。すべての企業が一様に4・0を目指すべきだというものではない。

ただ大切なのは、**「タテ軸」と「ヨコ軸」という2つの異なる選択肢があることを理解したうえで、どちらを選択するか、**を経営者が真剣に検討することだ。自社が「タテ軸つまり生産現場におけるカイゼンに集中する」か、「タテ軸×ヨコ軸の合わせ技、つまり従来の強みにデジタルの力を掛け合わせて合わせ技で右上を目指す」か、の選択だ。この2つがまったく異なるアプローチであるのはすでにおわかりだろう。

一番悪いのは、インダストリー4・0を過去数十年間ずっとやってきたカイゼンの延長線上にあると勘違いし、カイゼンの継続で4・0に対応しているつもりになってしまうことだ。

世界はすでに3・0、ERPは標準装備

前項にて「スマート工場は4・0ではない」と述べた。したがってあなたは、「そうか、日本はまだインダストリー3・0レベルなんだな」と考えたかもしれない。

残念ながら、そうではない。**日本の大手企業の大半は、実は3・0にも達しておらず、いわば「インダストリー2・5」の状態にある**のだ。

ここで**インダストリー3・0とは、業務プロセス内の処理、およびプロセス間の連携がシステム化・自動化され、それによって全体最適を実現する仕組みが整備されている状態**を指す。たとえば次ページの図表22では製造業の業務プロセスを「計画」「調達」「生産」「販売」「保守」の5プロセスとして表現したが、これらが適切なシステムによって一元的に管理されており、あるプロセスで発生したデータは必要な後続プロセスにシームレスに反映される。**欧米の大企業の多くがERPの導入によって2000年~2010年には達成している姿**だ。

いっぽう多くの日本企業では、まだ業務プロセスの多くが90年代からアップデートされておらず、人手によって回っている。各プロセス（部門）単体では、ボトムアップな業務改善の成果もあり業務

図表22 ● 実は日本は「2.5」→カエル跳びのチャンスでもある

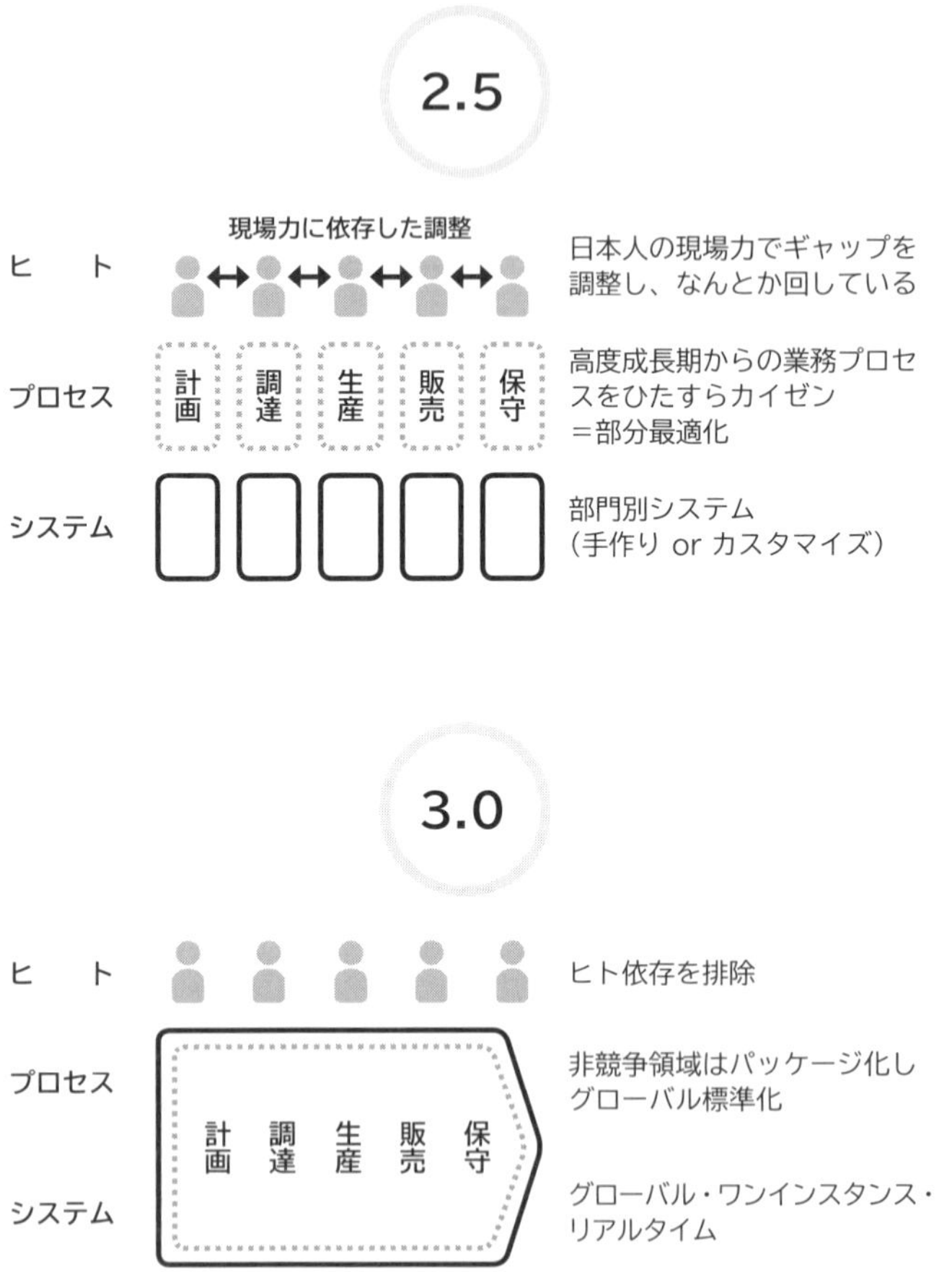

品質は高いが、プロセス同士の連携・調整は十分にシステム化されておらず、**現場力、とくに日本人社員同士のヒトとヒトの努力によってなんとかギャップを埋めている**という現状が多く見られる。

以下、そうした「ヒトの力頼り」で現場をなんとか回している、日本企業の社員3氏に登場いただき、それぞれの日常を語ってもらおう。いずれのケースも、製造業の経営者や幹部へのインタビュー内容を元に構成したものである。あなたの会社と業種・業態は違うかもしれないが、実は共通点が多くあるのではないだろうか。

営業マンA氏の嘆き

営業部門（受注）と工場（生産）のギャップ

先日、最近開拓したあるお客様から引き合いを取ってきたんです。「ある製品を○個、この値段で、3カ月後の4月初めに納品できるか？」ということでした。

弊社ではその製品を作れる工場は仙台、上海、インドネシアの3カ所なので、すぐに**各工場の生産管理担当者に電話をして問い合わせました**。でも工場側も即答はできないのです。

現状の在庫数と受注の引き当て状況に加えて、受注残とそれぞれの顧客の納期、原材料を供給するサプライヤー側の生産・供給能力、工場内の生産ラインの埋まり具合、といったさまざまな要素を考えあわせないと、引き合いに対する納期の回答はできません。生産管理担当者は、それぞれの工場内で、そうしたさまざまな部門の担当者を電話で呼び出して問い合わせているのです。これを3工場が並行的に行います。

どこかの工場が、多少の〝調整〟をすればなんとか押し込めるかも、とはわかったとしても、具体的に生産調整するには時間がかかります。ちなみに多少の無理をして押し込んでいるので、多少の原価アップにはなっているはずですが、そんなものは後回しです、やってみないとわからないですから。

それでも、各工場から回答が来て、顧客に対して納期と金額の回答ができるのは、最短でも1週間後。10日くらいかかることもザラです。

今回は1週間かかりましたが、何とか納品できるメドがたったのでお客様に電話すると、「今ごろ回答してきたの？　おたくの競合、オランダのX社は翌日には回答してきたよ。もうX社に発注しちゃったよ」と言われてしまいました。なんてこった、ですよ。

そうそう、先日、そのX社から転職してきた同僚がいましてね。X社では、SAP ERPのひとつのモジュールである「ATP」というシステムを使っているんだそうです。ATPとはAvailable to Promiseで、「利用可能在庫確認」と訳されていますが、要するに納期回答システムのことのようです。

X社では、商品ごとのバックログ（受注）、サプライヤー側の状況（調達）、生産ラインの空き状況

（生産）、そしてそれらに紐づくコストなど、**生産計画の情報すべてがERPで一元管理されているそうです。すべてのデータがすでにひとつのシステムに入っているのです。**ＡＴＰはそれらを基に、「このオーダーを受注したら、期日までにこの個数を作れるか」を即座に回答してくれるそうです。それどころか、「今の生産計画のままだと無理だが、別のＹ社の先行オーダーは実は納期が先だから、そちらと入れ替えれば可能」とか「半分は期日までに、あとの半分はそれから1週間後に、と分割納品でよければ可能」といった提案までしてくれるんだそうです。Ｘ社が翌日には回答できるわけですよね。

ちなみに彼は、ウチのやり方を聞いて仰天していました。90年代みたいだね、と……（苦笑）。

経営企画担当役員B氏の悩み

「予算」と「実績」の分断、「事業計画」と「部門オペレーション」の分断

当社では年度ごとに「翌年度の事業計画（売上予算・利益予算）」を作成している。かなりの工数をかけ、市場調査、競合分析、原材料費や為替など多くの変動要素を織り込んでシナリオ分析を行ったうえで、「強気・中央値・弱気」の３つのシナリオを経営に対して提示し、役員会が承認して、事業計画が決定される。つまり事業計画には変動要素に対する弾力性が盛り込んであるわけだ。

ところが、事業計画の数字が分配されて、事業部や工場、国内外の子会社などに提示されると、**とたんに数字が独り歩きを始める**。たとえば、売上予算なら「a事業部は1000億円」「b工場は480億円」「c販売子会社は24億円」といった数字が年初に示されると、その数字だけが「必達目標」として独り歩きを始め、その背後にあったはずの市場見通しや変動要素が抜け落ちてしまうんだ。

その結果どうなるかというと、たとえば昨年は為替レートが想定よりも円安に振れたのだから、海外に製品を販売しているa事業部の売上は本来、最低でも1050億円は行けた（年初予算プラス50億円売れてトントンの）はずなんだが、実際には1000億円に届いたら予算達成となってしまう。

次に**「読み替え問題」**がある。それぞれの部門は各々が日々のオペレーション（業務）を回しており、それぞれ独自の優先順位を持っているから、それに合わせて本社から落ちてきた数字を、部門ごとの目標値に「読み替え」てしまうんだ。

たとえば工場では昔から「稼働率」を高く保つことが最重視される。本社としては新製品へのシフトを進めたいと考えていたが、b工場は売上予算「480億円分」の製品を生産するために、歩留まりが高い旧製品を作り続けてしまった。結果、b工場は「稼働率」の目標は達成したが、その分、川下のc販売子会社では利益率の低い旧製品の在庫が積み上がってしまった。

いっぽう販売子会社では「売上」が至上命題だから、原材料の高騰もあり実は利益はほぼゼロという状態だったのに、売上予算を達成するためにリベートを使いまくった。結果、c販売子会社は売上予算は到達したが赤字になってしまった。

いっぽうで事業の**「実績」を把握するのが遅く、かつ粗い**、という問題もある。たとえば、各国販売子会社の「1月」の売上実績がＥｘｃｅｌシートに入力されて、米国・欧州・アジアの統括本社を経て、東京本社に集まるのは2月の下旬、役員会に報告されるのは3月だ。しかもそのＥｘｃｅｌリレーの過程で数字はどんどんサマリー（要約）されていくから、売上の「総額」はわかっても、「内訳」はほぼわからない。たとえば、ある国の売上が突然伸びていても、特定の製品が伸びているのか、市場全体がアップトレンドなのかは各国に問い合わせなければわからない。3月の役員会で「報告せよ」という指示が出ても、その答えが戻ってくるのは次の4月の役員会だ。

結果どうなったかというと、たとえばインドネシアにおける製品αの需要は予想外に伸び、売上は1月から対前年同月比ほぼ倍増の勢いだったが、1月の数字が役員会に届くのは3月末、製品αの伸びに初めて気づいたのは4月末。そして5月末になってやっと「製品αを増産せよ」との指示が出た。それから原材料の調達や生産ラインとワーカーの増強に着手したので、実際に増産が開始されたのは10月に入ってからで、需要の伸びに大きく出遅れてしまった。それでも製品αの工場は「通年で20％の超過達成」に沸いているが、実際には売上倍増も可能だっただろう。

要するに、**「事業計画」とは、年初時点での仮定でしかなく、計画の進捗が正しくトラッキング（追跡）されることはない。トラッキングのための仕組みがないからだ。**次に計画の見直しが行われるのは、翌年度の計画策定のタイミングになってからだ。

ちなみにその翌年の事業計画にしても、結局その数値の積み上げの根拠となっているのは、要するに各部門長のさじ加減だ。たとえば、売上目標でも「イケイケドンドン」タイプの支店長は「エイヤで数字を積んでくる」し、安定志向の支店長は「前年度比３％増」とかで出してくる。しかし本社では、数値のうちのどこまでが「気合い」でどこからが「実需による伸び」なのかを見きわめる術がないから、結局それを積み上げるしかないんだ。

結局、ほとんど現状を知らずに事業の意思決定が行われているんだ。我ながら恐ろしいよ。

……という話を、先日、大学の同窓の旧友にしていたら、彼の勤務先Y社ではそんなことはなく、２０１０年くらいから**ＩＢＰ**（インテグレーテッド・ビジネス・プランニング）という仕組みを使っているんだそうだ。

ＩＢＰでは、「計画」と「実績」のデータが、ひとつのシステムで管理される。

計画のほうは、「中期（18～24カ月）」「今年度」「今月」などすべての期間、「本社（連結）」「事業部」「国ごとの子会社」「製品ライン」などあらゆる単位の事業計画が管理されており、すべてのデータが相互に連携している。

いっぽう**実績**のデータは、自動的にERPから供給され、ほぼリアルタイムで把握されている。かつて月締めごとに行われていた経理部門の「Ｅｘｃｅｌリレー」も今はない。

そして事業計画は、実績の進捗と対比され、月次で「洗い替え（見直し）」がなされる。つまり12カ月先の計画は、それから1カ月たてば「11カ月先」の計画になり、12カ月たてば「今月の計画」となって、見直されていく。

計画は、原材料費や為替の変動、需要や競合の動きなどの変動要素もすべて織り込んでいるので、随時見直される。したがって為替レートのぶれに伴う「ラッキー」はなくなってしまうが、「アンラッキー」が起きることもない。上ぶれも下ぶれも、「そのうち○％は為替要因ですね」と見える化されてしまうので、各部門の実力が正しく評価される。

本社も販売子会社も工場も、すべての部門が、ひとつの計画とそれに対する進捗という「ひとつの事実」（ワンファクト）を見ながら仕事を進めている。そこには部門ごとの読み替えもないし、エイヤの数字の積み上げもない。

要は**1つの会社の事業が1つの仕組みで管理されている**ということだ。考えてみれば当たり前だよな……いまのウチは、頭と右手と左手、右足と左足がみな勝手に動いているようなものだ。

「リスクはゼロが当たり前」、ではない!?

プラント保全担当C部長の悩みと驚き

昨晩は、保守員Dさんの送別会でした。ウチのプラントをなんと40年以上にわたって支えてくれた大ベテランで、60歳を越えても再雇用に応じてくれたが、今月65歳を迎えてとうとう勇退。とにかくウチのプラントの設備のことならなんでも知っている、という人だった。「何か変な音がしますね、あっちのバルブをチェックしてください」という彼の直感に何度救われたことか。まるで魔法使いのようでした。

でもDさん自身、こうも言っていました。「私はこの工場のことなら、自分の子どもたちのことよりよく知っていますが、他の工場となるとダメです」と。だから、10年前に新設した隣県の工場もみてくれとの頼みにはついに首を縦に振ってくれなかったなあ。

Dさんと双璧だったEさんも63歳、勤めてくれるのはあと2~3年でしょう。Eさんが抜けた後はどうしたら?

彼らベテランの能力があまりに高かったがゆえに、ウチのプラントの保全は、すべてが**現場のヒトの能力に依存した業務プロセスになってしまっています**。団塊世代の定年退職が始まった２００７年のころ、当社でもベテランのノウハウをビデオに撮ったりデータ化したりして社内に伝承しようと試みたけど、結局のところ、現場のヒトの「能力頼み」をさらに強めただけでした。どんな施策より、彼らの3K（勘・コツ・経験）のほうが、精度が高かったので仕方ない面もありましたけど、その彼らがいなくなった後は？

当社ではオイルショックの後、1973年から15年間、社員をまったく採用できなかったので、48～63歳くらいの層が極端に薄い。私も48歳です。そしてそれ以降に入ってきた社員は、工場を新しく建設した経験がありません。プラントの維持メンテナンスをしてきただけで、本当の仕組みはわかっていないから、ベテラン保守員の先輩たちの言う通りにやってきただけだといってもいい。一部の社員は2012年にタイに作ったプラントの経験と知識がありますが、タイ工場の設備は最新式だから、ここの工場のような古い設備には役に立ちません。若手社員は業務を覚えようと必死だし、外注先も全力を尽くしてくれてはいるけれど、「緊急修理」が日常的に頻発しているので疲弊気味です。

それにしても、当社が昨年買収したアメリカ企業Z社のプラントを視察したときは衝撃を受けましたよ。「リスクはあるが修繕せず放置している」という箇所が何百もリストアップされているんですから！　工場長いわく、「これらは仮に壊れても全体に与える影響は軽微なので、放置しています」と。

そりゃ確かに、ほとんどは何十もあるプラントの流路のひとつだから、リスクは低いといえばそうです。「でも、石油化学物質を扱うのに、それでいいのか？」と聞いたら、「全部を修繕・交換するリソースはないので、経営に影響を与えないレベルのリスクとは付き合っていくしかないんです」と。ウチなら、現場から社長まで、とにかく「リスクはゼロが当然」です。だから4年に1度、出荷をストップして行う定期保全のときには、少しでも調子が悪い部品は全部交換する。すべてはリスクをゼロにするためです。でもそうすると部品の交換点数が多くなってプラントの停止期間が長くなり、結果的に工場の稼働率は下がってしまうし、トラブルは部品の交換直後のことが多いから、「実は触らないほうがいいのでは」と思うことも多いんですが。

それに過去、「計画外停止」を起こしてしまったことは実は何度もあるけど、在庫のやりくりなどで、結果的にはお客様へは迷惑をかけずになんとか乗り切ることができました。もちろん、だから良しとするわけにはいかないけど、ビジネス的にいえば機会損失はゼロだったとも言える。ということは、「リスクゼロを目指す」ためにかけたコストは実は過剰だったと言えるのかもしれません。

Z社のプラントのリスク評価指標は、**EHS**（環境、従業員の健康、安全）、**修理コスト**（故障してから交換するのと、故障前に交換するのとのコスト差）、（故障すると）**出荷が止まるか否か**の3つでした。これらがいずれも「許容範囲内」と判断されれば、そのまま「経過観察」となる。経過観察とは要するに部品の補修や交換をしないということだから、保全の総コスト率はウチに比べると半分以下ですが、別に事故が多いというわけでもない。最近はさらにIoTセンサーを用いたリスク箇所の経過観察も多く取り入れているそうで、これらもすべては「リスクを許容できる範囲に抑え、修繕を先延ばしにする」ことが目的なので、投資対効果はすぐに表れるでしょう。

さらにZ社は、5つの工場ぜんぶが**同じKPI（主要業績評価指標）**で管理されていて、工場同士の**ヨコの比較**が常に行われているのにも驚きました。ウチにも工場が国内に4つ、海外には計11カ所あるが、KPIはまったくバラバラで、比較のしようもありません。工場同士はライバル意識も強いですが、それ以上に、もしヨコとの比較で弱点があぶりだされてしまっても、「改善のしようがない」というのが本音でしょう。長時間勤務は常態化しているが、現場はすごく頑張っていて、私の立場ではこれ以上どうしろとも言いようがないです。

結局のところ、Z社は、言葉は悪いけど、**すべてをカネに換算して判断している**、ということなんですよね。**別の言い方をすれば「経営視点で判断している」と言ってもいい**。次のような考え方なんでしょう。

リソースは有限→だから優先順位をつけて配分するしかない（すべてで満点をとることはできないと割り切る）→部品の修理や交換の優先順位は「これが故障したらいくらのインパクトがあるか」と

いう経営視点から算出する→インパクトが大きいものは当然対応するが、小さいものはチェックリストに載せたまま経過観察する→結果、部品を寿命ギリギリまで使うことが多いので、交換頻度も計画停止も減り、全体としてのコストは大幅に下がる。

いっぽうウチでは、「止まったらどうなるか?」なんて考えたこともない。「死んでも止めるな」ですよ。

でもZ社の同僚がいみじくも言いました。「Cさん、それがERPですよ。Enterprise Resource Planning、企業リソースの計画的な配置です」と。たしかに、そうだよな……。

現場力頼りの業務プロセスを見直す時

3氏の述懐、いかがだっただろうか。A氏は生産計画の調整、B氏は事業計画と実績の把握、C氏はプラントの保全、とそれぞれ異なる領域のストーリーだが、**「実は日本は2・5」という観点では同じ構図であること**を見てとっていただけただろうか。

そして、あなたの会社とも、共通する部分はなかっただろうか。

●仕事の進め方、考え方は90年代から実質的にほぼ変わっておらず、昔ながらのやり方から進化していない
●優秀な現場社員のガンバリで日々なんとか回している
●しかしベテランの退職や人手不足によって現場の業務負荷はすでにギリギリ
●いっぽう海外のライバル企業はすでに、業務プロセスのＥＲＰ化（システム化）を進めており、人手に頼らずに業務を回せる「仕組み」が整っている

実のところ、欧米のライバル他社や、日本企業でも海外の拠点は、そうした「優秀な日本人社員のガンバリ」に頼るということができなかったから、それ以外の方法で対応する体制を作らざるを得なかった。それがインダストリー３・０だ。そのため、世界の主要企業は90年代～00年代にかけてＥＲＰを全社導入し、部門最適から全体最適へのシフトに必要なシステム武装を終えている。日本企業でも海外事業は、本社に先駆けてＥＲＰ導入を終えているケースも見かける。

いっぽう日本企業の多くはこのレベルにすら到達しておらず、「２・５」レベルのまま、徒手空拳の戦いを強いられている。それでも極めて強い現場力でここまでなんとか乗り切ってきたが、それもそろそろ限界に来ているのではないだろうか。このハンディキャップ戦をいつまで続けるのか。

今こそ必要な「経営者の決断」

今はまだ、インダストリー2・5の日本と、3・0から4・0へ向かっている欧米勢がせめぎ合っている。しかし、電子を走らせている欧米勢に対し、いまだに日本人社員が奔走している日本勢の優位はもはや風前の灯火といってよいだろう。

そして少子高齢化が進む以上、「ヒトが走る優位性」が戻ってくる可能性はない。90年代に賞味期限切れとなっている今までのやり方を続けても、未来はないのである。

「働き方改革」の不作為

90年代のやり方をそのままにしている、の典型的な例が、昨今の「働き方改革」だ。

働き方改革と銘打って、あなたの会社ではどのような取り組みをしているだろうか。「残業時間の規制」「時間管理の徹底」「勤務時間が長い部門や個人への指導」「社員や管理職の意識改革」といった項目が並んでいないだろうか。

だがこれらは、要するに「勤務時間を減らせ」との**掛け声をかけているだけにすぎない**。「では減らすためにどうするのか」の具体策はなく、それは現場で考えろ、と丸投げしているだけだ。

仮に欧米企業でこのようなことを経営陣が口にしたら、現場からは直ちに以下のように返ってくるだろう。

「現場にはすでにムダな業務なんか残っていない。どれも必要があると会社が判断したからやっている業務である。そんな中、勤務時間を減らせというのなら、人を増やすか、『この業務はやめてよい』と会社が判断するか、あるいは同じ業務を人でなく電子にやらせる仕組みを入れるかしかない。この3つのいずれもやらず、単に『早く帰れ』と言うだけなら、それは〝気合と根性〟論にすぎず、経営の不作為としか言いようがない」

日本ではなぜか、現場からのこうした反論もほとんど聞かれないが、かといって成果が上がっているという例もほとんど聞かない。ヒトがますます必死に走っているだけなのだから当然だろう。

カエル跳びのチャンスでもある

いっぽうで、いいニュースもないわけではない。

「いまだ2・5」、つまりデジタルの力を活かすことなしでも、なんとか現在の地位を保っている日本企業には、デジタル力を正しく取り入れることによって、その能力を飛躍的に強化する余地が残っている。

新興国の多くで、地上電話回線が整備される前に、国民の大半に携帯電話やスマートフォンが行き渡ってその恩恵を受けているように、2・5から4・0への「カエル跳び」は可能だ。

だが、その第一歩を踏み出せるかどうかは、**経営者が「90年代までのやり方とデジタル時代のやり方の本当の違い」を理解したうえで、やり方を変えるという決断ができるか**にかかっている。現場任せ、カイゼン任せではダメ。ボトムアップでやれることではない。

あなたの会社は、5年後も、人が汗をかきつつ奔走しているだろうか？　それとも、電子が走って、人の仕事時間を減らしているだろうか？

5章

デジタル・プラットフォーマーの時代

早い者勝ちの陣取り競争

デジタル・プラットフォームがすべてをつなぐ

前章までで、既存事業に「デジタルの力」を掛け合わせて、どのように自社を3・0化、さらには4・0化するか、という議論をしてきた。

だが実際には、世界はさらに一歩先を行っている。デジタルの「つなぐ」力を利用して、**自社のみならず、他社をも巻き込んだ「エコシステム」を作り上げる**、つまり「デジタル・プラットフォーム」をいかにしていち早く構築するか」という大競争のさなかにある。なぜなら、この競争に後れを取れば、企業は他社によって最適化されたエコシステムに取り込まれ、市場における主導権を失ってしまうからだ。早い者勝ちの「陣取り合戦」が、まさに起こっている。

そして、さらに、IoTによって**フィジカルな「モノ」とデジタルが融合する**ようになったことで、**地球上に存在するあらゆるものがデジタル・プラットフォームを介してつながる**、という状況が現実味を帯びてきた。もはや製造業・サービス業、またB2BとB2Cを問わず、すべての事業者がデジタル・プラットフォームとの関わり方を考えざるをえなくなってきている、というわけだ。

そして、従来のビジネス領域を越えてお互いに市場を奪い合う「越境バトルロイヤル」が必至である以上、あなたの会社も否応なしにその陣取り合戦に巻き込まれていくだろう。

デジタルとフィジカルがIoTで融合する

本書では、そうしたデジタル・プラットフォームを介したビジネスモデルを、図表23のような、「4層構造」の概念図で表すことにする。

第1層が**「データの発生源」**。IoTでいえば、「Things」（モノ）と考えるのが一番わかりやすいが、実際にはフィジカルなモノからだけでなく、ビジネスプロセスからもデータは発生しうる。たとえば、店頭のPOSレジからは、買われた商品のデータが刻々とデータサーバーに上がってくるし、工場の生産管理システムからは製造された製品の数量が上がってくる。

第2層が**「デジタル・プラットフォーム」**。ここは単にデータを貯蔵しておく「データ置き場」だと考えられがちだが、実際にはずっと幅広い機能を提供している。ひとことで言うと「第1層および第3層のプレイヤーが必要とする共通機能を全部」持っておくのが、第2層の役割だ。

第3層は**「ソリューション」**。これはスマートフォン上のアプリを思い浮かべれば一番わかりやすい。要は、第2層にあるデータを活用し、第4層のユーザーに対してメリットを提供するさまざまな機能だ。

そして第4層は**「顧客や社会」**。このデジタル・プラットフォーム全体の最終受益者であり、B2

図表23 ● デジタル・プラットフォームの“4層構造”

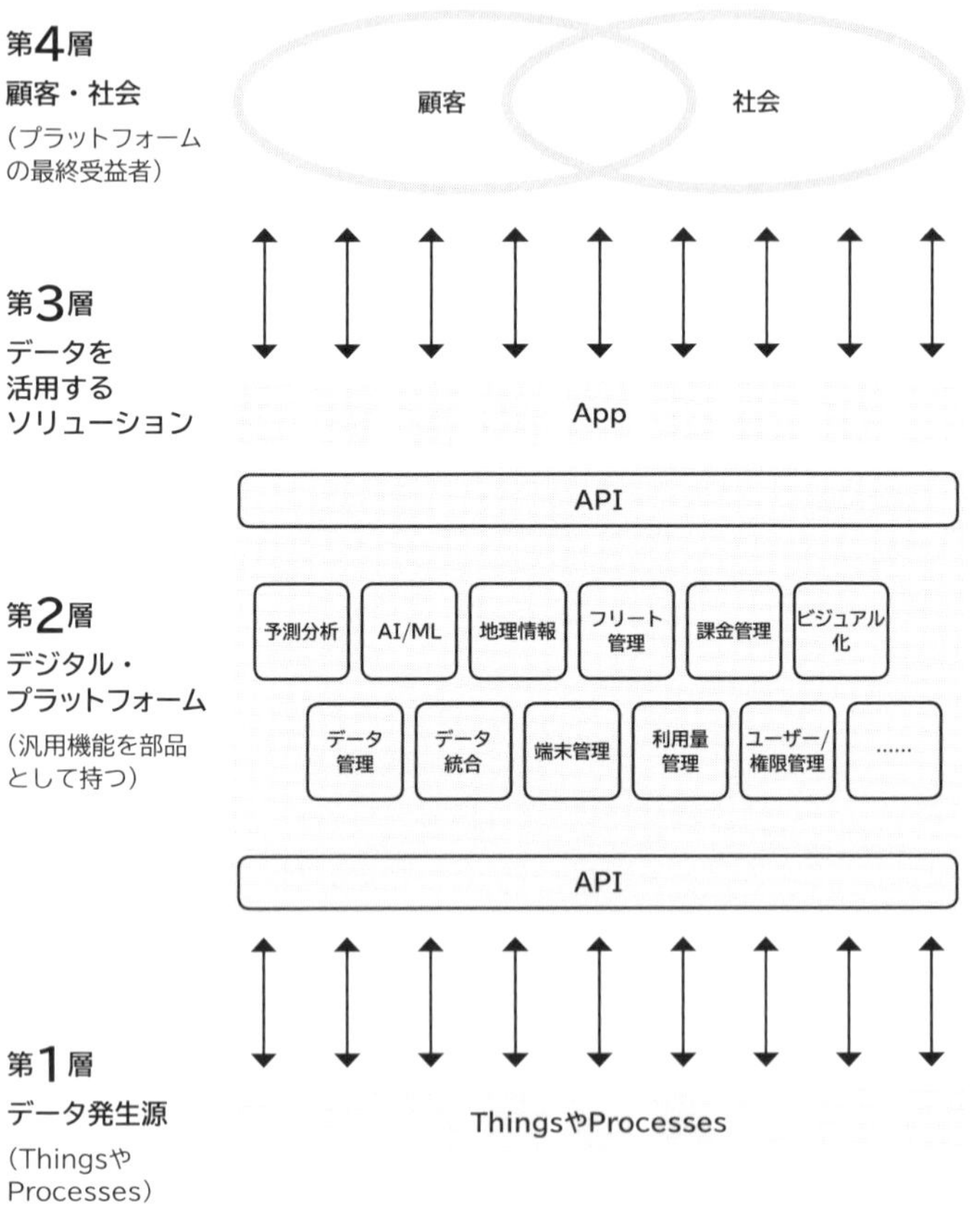

Bビジネスの場合は顧客企業、B2Cビジネスの場合はコンシューマーが、この層に入る。しかし、それらだけでなく、あえて「社会」が加わっているのがポイントだ。この後の事例紹介でも繰り返し述べるが、**直接の顧客だけでなく、社会全体にもメリットがあるように設計されたエコシステムだけが結果的に生き残ることができる。**

デジタル・プラットフォームの構築について、まずはいくつかの事例を見ていこう。

お手本はアンドロイド、原点はウィンドウズ

世界市場の7割を握るアンドロイド

デジタル・プラットフォームとして、現在もっとも成功している代表例のひとつが**Android（以下アンドロイド）**であることは衆目の一致するところだろう。スマートフォンのOS（オペレーティングシステム）として世界の市場シェアの7割強を握るアンドロイドは、グーグルが2005年

に買収し、スマホやタブレットのメーカーに対して無償で提供していることもあって、採用するメーカーが続出し、それに伴ってユーザーも増え続けた。

通常われわれは「スマートフォン」をひとつのモノとして見ていて、それを「プレイヤーが3層に分かれた構造」と意識することはない。だが実際には、アンドロイドスマホの場合、第1層はハードウェアメーカー（ソニーやシャープ、サムスン、LG、ファーウェイやシャオミなど）、第2層のOSはグーグル（アンドロイド）、第3層は無数のアプリメーカーが担っている、まさに「三位一体」の製品だ。そして**各層はいずれも、他の層がないと機能しない**、まさに**相互依存、共栄共存**の関係にある。

第1層（ハードウェアメーカー）の立場から見れば、第2層のアンドロイドに準拠したハードウェアを作っておけば、第3層の数百万種類もの「アンドロイド・アプリ」がちゃんと動くことは担保されている、ということになる。つまりアンドロイドというプラットフォームに準拠しておけば、ハードウェアメーカーは自社で多くのアプリやコンテンツ（補完製品）を作る必要がない。

いっぽう、第3層（アプリのメーカー）の立場から見ても、第2層のアンドロイドに準拠してアプリを作っておけば、各メーカーが出している第1層のどんなスマホやタブレットでもちゃんと動くことが担保されているのである。つまりアプリのメーカーにとっても、アンドロイドというプラットフォームに準拠しておくことで、補完製品を気にせず作ることができるのだ。つまり第1層から見ても、

図表24 ● デジタル・プラットフォーム：
アンドロイド（グーグル）

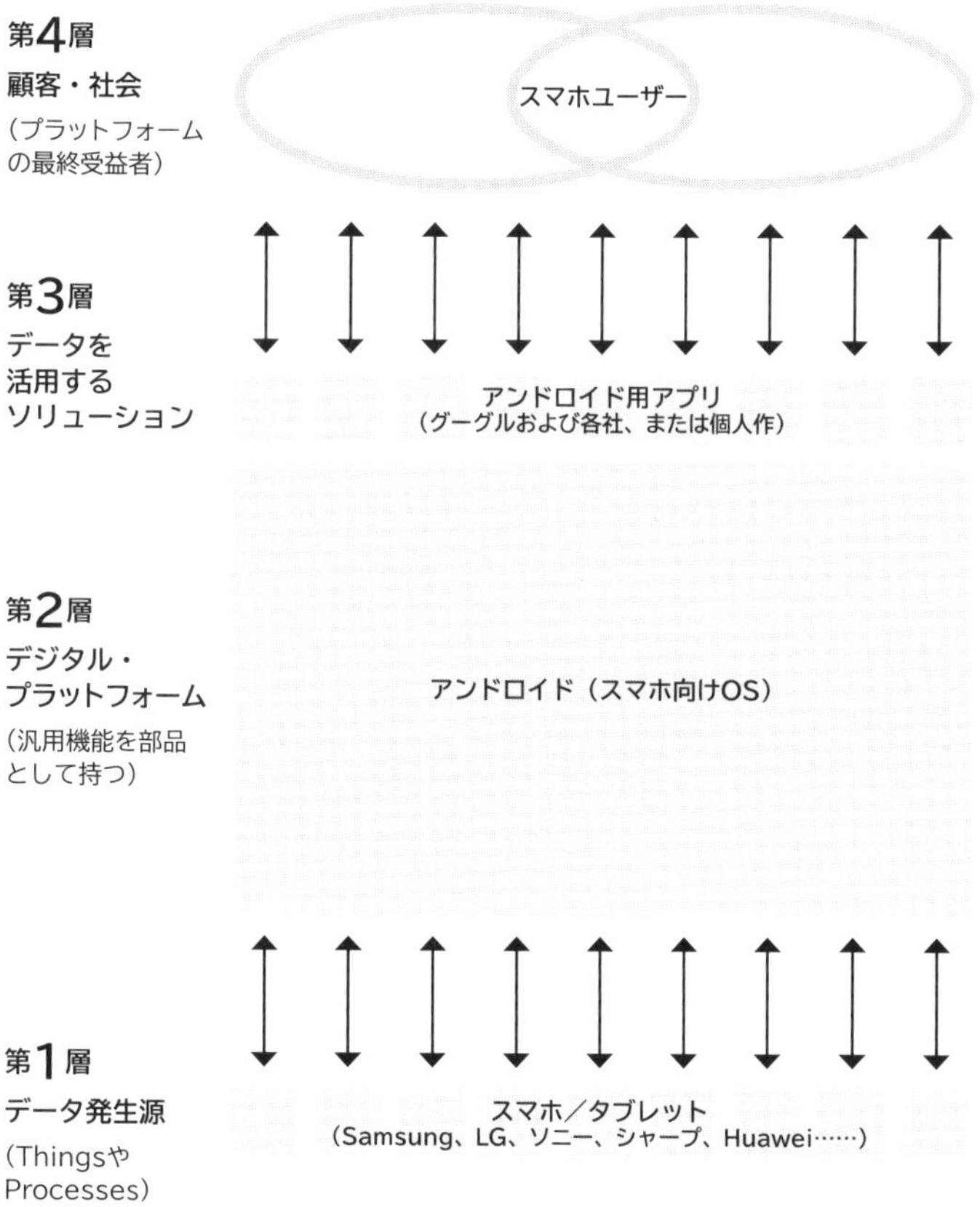

第3層から見ても、第2層がプラットフォームにあたる。

アンドロイドそのものは無償提供なので、グーグルはアンドロイドそれ自体で利益を得ているわけではない。

しかしグーグルはこのアンドロイドを握ることによって、地球上のスマホユーザーの7割、ざっと15億人に対して広告を出せるという立場を手に入れた。アンドロイドの広告はマス広告ではない。グーグルは、**スマホユーザーひとりひとりが日々、「どこへ行き」「何を検索し」「どのアプリを使い」「どんな行動をとっているか」といった情報のすべてを知り得る立場にある。**これらの情報に基づいて、パーソナライズされた広告を出せるプラットフォームを握り、それを広告主たちに対して提供することによって、莫大な広告収入を得ているわけだ。

一人（〜二人）勝ち構造

3章でも「デジタル・プラットフォームは一人勝ちになりやすい」と述べたが、このもっとも顕著な例が、このスマホ向けＯＳの市場かもしれない。

現在この市場はグーグル（アンドロイド）とアップル（ｉＯＳ）の2強がほぼ独占している。ここに第3の勢力として割って入ろうとしたのがマイクロソフトのＷｉｎｄｏｗｓ Ｐｈｏｎｅ（以下ウィンドウズフォン）だが、現在の市場シェアは1％に満たず、今やその存在感はないに等しい。

これはなぜだろうか？　補完製品メーカーの立場から見るとわかりやすい。

第3層のアプリを作っているメーカーの大半は、アンドロイド向けとiOS向けの2種類を作っていて、それで市場シェアの97％以上をカバーできており、ここでわざわざ第3のデジタル・プラットフォームに対応するメリットは小さい。従って第3層では、ウィンドウズフォン向けアプリの拡充は難しい。

そうなると第1層のハードウェアメーカー側も、今さらウィンドウズフォン向けに機種を提供しても、第3層が手薄なままでは、消費者にとっての魅力は薄いことが想像できるので、手を出さない。結果、マイクロソフトの資金力およびPC分野での圧倒的シェアをもってしても、「二人勝ち」に割って入ることはできなかったのである。

デジタル・プラットフォームは、「一人（または二人）勝ちになる」→「よって先行者利益が大きい」→「よってとにかく早く広げて面を取ることが重要」という教訓を明確に残してくれた例と言えるだろう。

元祖はウィンドウズ

オープンなデジタル・プラットフォームの元祖と呼べるのは、おそらくマイクロソフトのWindows（以下ウィンドウズ）（およびその前身であるＭＳ－ＤＯＳ）であろう。

マイクロソフトのウィンドウズ95は、１９９５年に発表され、爆発的な成功を収めた。ソニー、東芝、シャープ、エプソンなどの日本企業を含めた「ＰＣメーカー」が、ウィンドウズ95を搭載したＰＣを発売。

いっぽう、ウィンドウズ95で稼働するアプリも次々と発売された。その筆頭格は（第２層の提供者と同じ）マイクロソフトのオフィス（Ｅｘｃｅｌ、Ｗｏｒｄ、パワーポイントなど）だが、他のアプリベンダーも次々とアプリを開発しリリースした。

システムをオープン化することによって第1層と第3層のプレイヤーを巻き込み、最終的には第4層つまり顧客にとっての製品の魅力を最大化することで、さらに第2層でのシェアを高める、という〝一人勝ち構造〟を作り出すことに成功。最盛期にはパソコン市場のシェア95％を握った。

このデジタル・プラットフォームの構築による「一人勝ち」という意味では、ウィンドウズはアンドロイドとまったく同じ構図と言ってよい（ただし、ウィンドウズは無償ではなく、ハード〔ＰＣ〕

メーカーに対して有償でライセンスされ、それがマイクロソフトの大きな収益源となっていた点は、アンドロイドとは異なる）。

事例 ランドログ

コマツの「ＬＡＮＤＬＯＧ」を、「デジタル・プラットフォームの４層構造」を使って図示すると図表25のようになる。

デジタル・プラットフォームとしてのＬＡＮＤＬＯＧ自体は第２層にあたる。現場から上がってくるさまざまなデータを蓄積し、それらを第３層が使いやすいように下処理を行っておく。基本的にデータベースに保管しているのは、①地面を３Ｄ化したデータ（工事のＢｅｆｏｒｅとＡｆｔｅｒの状況）と、②ＢｅｆｏｒｅをＡｆｔｅｒにするためにかかったプロセスのデータ（どれだけの機材、人、燃料などが必要だったか）だ。

第１層は、地面の現況を計測するためのドローンやドローンが集めたデータを処理して３Ｄデータ化するＩＴシステム、ダンプトラックの位置情報の動きを把握するＧＰＳ端末（実際にはスマートフォンで代用）、建機の情報管理システムである「ＫＯＭＴＲＡＸ」などが含まれる。今後もニーズに

図表25 ● デジタル・プラットフォーム：
コマツ LANDLOG

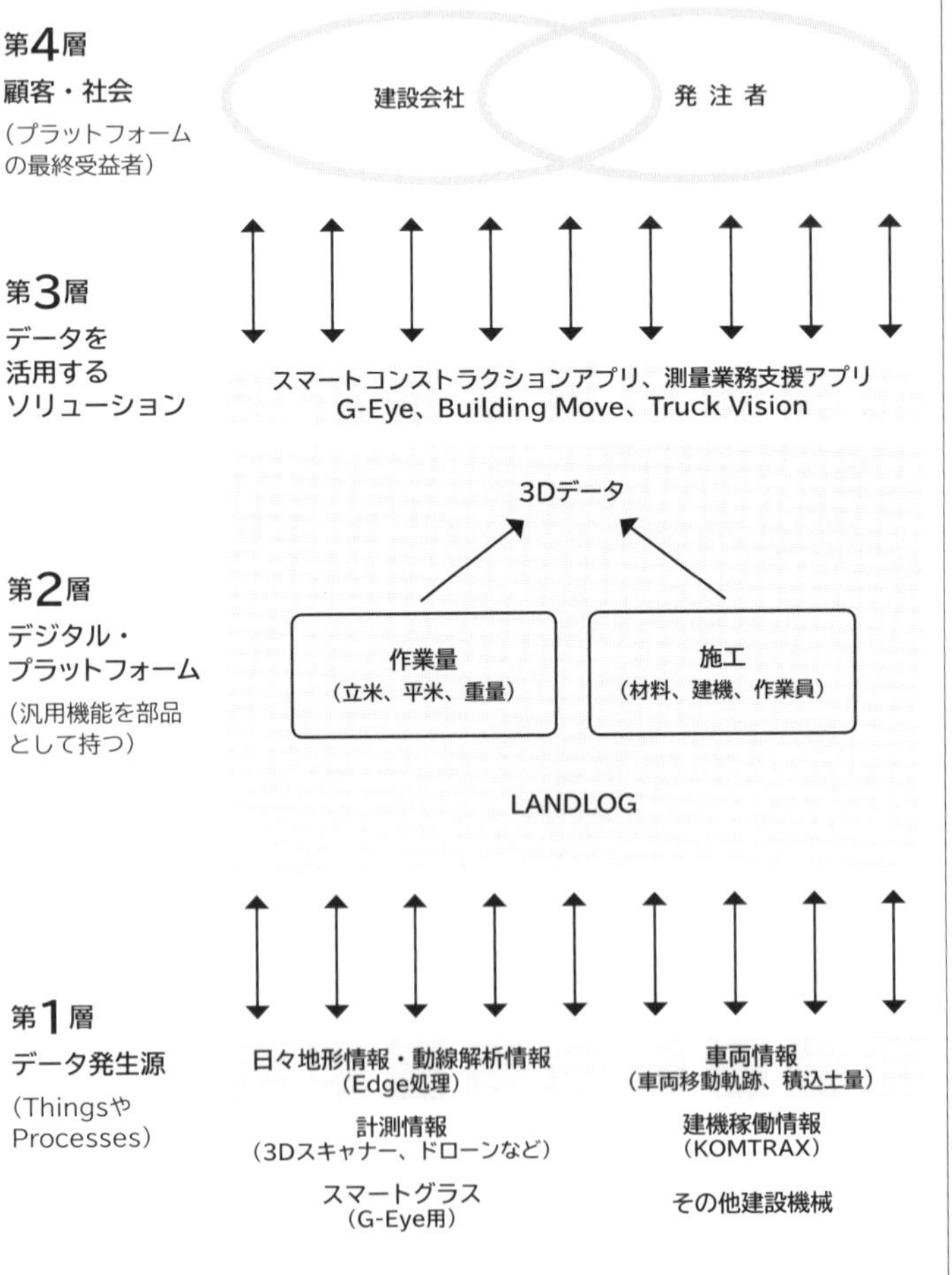

応じて、さまざまなデータ取得装置が追加されていくだろう。

第3層のソリューションとしては、「スマートコンストラクション」がすでにあるが、今後、あたらしいアプリケーションが続々と登場してくるだろう。コマツが手掛けるものもあるだろうし、それ以上に第三者が手掛けるものも増えてくるだろう。

このLANDLOGのシステム全体の直接の受益者は「安全で生産性の高い現場作業」というメリットを得る建設従事者であるが、同時に「国土やインフラがより低コストで確実に保全され、国民が安心して暮らすことができる」というメリットを得る社会全体が最終受益者である。

このように、LANDLOGもまた、デジタル・プラットフォームの典型例ということになる。

事例　シーメンス　マインドスフィア

現在の製造機械は、そのほとんどが「IT化」されている。PLC（プログラマブル・ロジック・コントローラー）と呼ばれる、製造機械専用の制御装置が、製造機械のあらゆる動作をコントロールしている。このPLCによって製造機械の動作をコントロールできるようになったことで、工場の生産性が飛躍的に高まったのが「第3次産業革命」である。

初期のPLCはいわゆる「スタンドアローン」、つまりそれぞれが独立していたが、90年代以降、オフィス用ＰＣがＬＡＮケーブルでつながれて連動できるようになったのと同様に、ＰＬＣもまた情報ネットワークで相互接続できるようになってきている。

そして製造機械のＰＬＣを束ねる管理機能が開発され、同じメーカーの製品であればそれらをまとめて管理ができる「ファクトリーオートメーション（ＦＡ）」が発達してきた。

しかし多くの工場は、１社の製品だけを使っているわけではない。適材適所の選択をした結果、複数のメーカーの製品が混在してラインが作られているのが普通である。したがってこれまではメーカーの壁を越えた管理やデータの収集は事実上困難であった。

もちろん、工場長の立場からすると、メーカーを問わず、すべてのメーカーの製造機械からデータが収集でき、ひとつのアプリケーションの中で見ることができるのが一番好都合だ。

これを実現しようとしているのが、シーメンスが提供を開始した産業用ＩｏＴのＯＳ（オペレーティングシステム）、**MindSphere（以下、マインドスフィア）**だ。

第１層では、シーメンス製のさまざまな製品群（たとえばＰＬＣ、鉄道車両、火力発電所のタービン、風力発電の風車など多岐にわたる）だけでなく、他社製の機器についても、情報ネットワークへの接続を可能としている。

第２層のデジタル・プラットフォームがマインドスフィアと銘打ったクラウド層で、第１層から上

図表26 ● デジタル・プラットフォーム：
シーメンス MindSphere

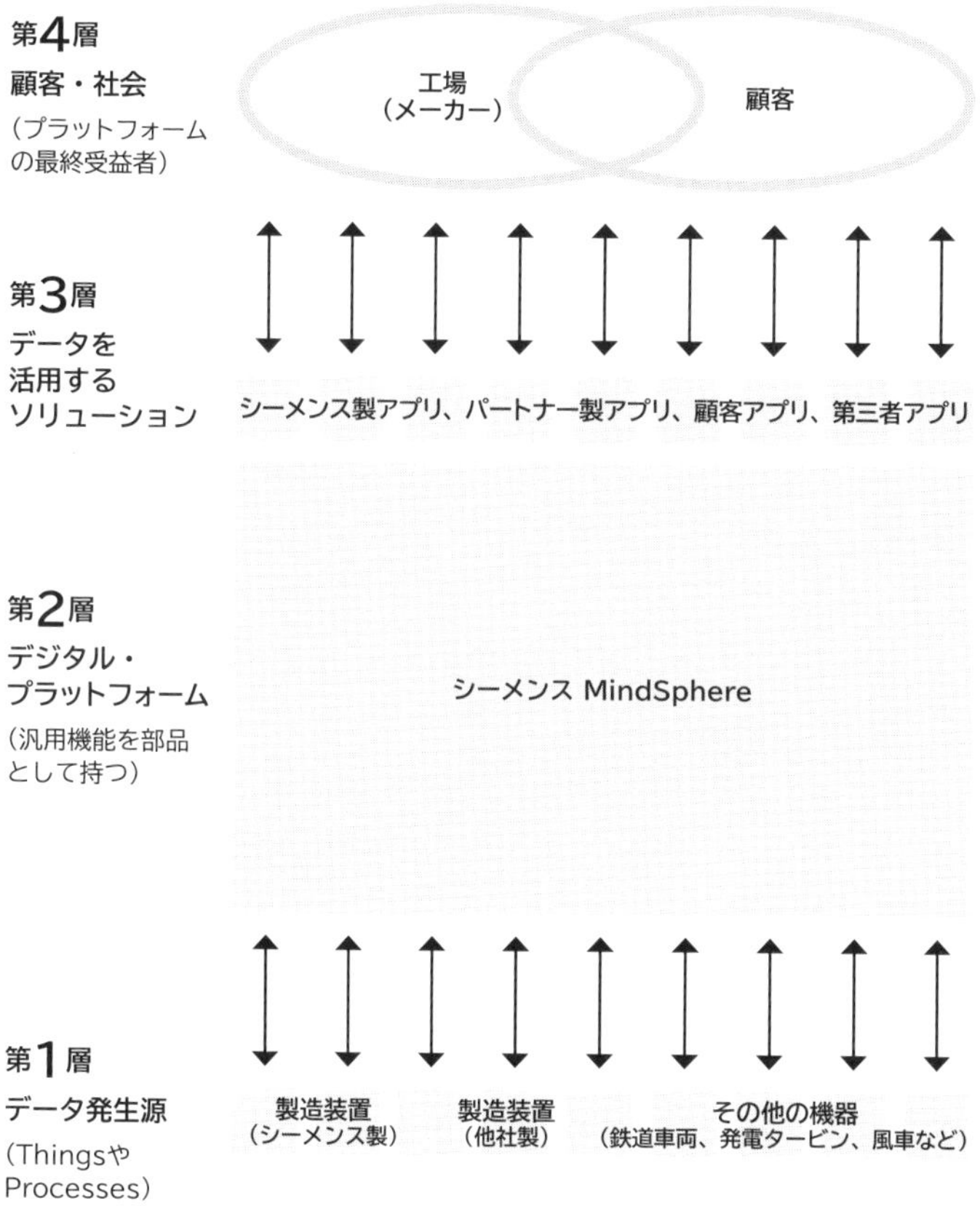

がってくるデータを蓄積し、第3層での利用を可能とする。

第3層では、パートナー企業や顧客企業にもAPIを公開。すでに仏アトスや米アクセンチュアなどのパートナー企業がアプリ開発を行っているほか、顧客企業が自らアプリを開発することも可能だ。

アプリケーションが提供する機能も多岐にわたるが、まずは機械のアップタイム（稼働していた時間）とダウンタイム（停止していた時間）、消費電力（工程ごとに消費した電力量）などを自動的に、正確に、詳細に記録することによって、稼働状況を「見える化」するのが基本だ。それができれば、そのデータを分析して、機械のオペレーションを改善できる。

他のデジタル・プラットフォームと同様、マインドスフィアの最終受益者は、第4層の顧客である。第1層を他社にも「オープン化」したことで、今後、工場主は工場内で使っているほとんどの機器を一元的に管理できるようになる。

第3層もオープン化しているので、今後多くのメーカーが、小回りの利く現場ニーズに合ったアプリケーションを開発してくるだろうし、シーメンスが自社で開発したアプリケーションを販売することもできる。

マインドスフィア導入事例

アイデン

このマインドスフィアを日本で最初に導入した企業のひとつが、石川県金沢市に本社を置く株式会社アイデンだ。同社は制御盤（スイッチやメーターをひとつの箱に収めた工場設備）の設計・生産を主力とする。創業1971年、売上高約30億円、社員数は協力会社も含めて約150名の中堅企業だ。2017年にはベトナムにも工場を作った。ここ2年で売上がほぼ2倍に増えているが、社員数は1割ほどしか増えていないという。同社の池内洋朗専務に聞いた。

――工場ではどのような工作機械を使っておられますか？

他のあらゆる工場と同じく、当社が保有する工作機械も、複数メーカーのものが混在しています。板金工程のプレスブレーキは**コマツ**製。タレットパンチプレスは**アマダ**製でNC（数値制御コントローラ）は**ファナック**のものが付いています。いっぽう組立工程で導入中の自動電線加工機は**三菱電機**製PLC、自動部品組み付けロボットは**シーメンス**のPLCです。また空調や照明を含めた、全体の電力デマンドを監視しているのは**オムロン**製です。

こうした工作機械の各メーカーは以前からそれぞれに、データを取得し見える化するサービスを提供していますが、つながるのは自社製品だけでした。それに対し、こうした複数メーカーのPLCをつなぎ、データを一元的にクラウドに集約できるのがマインドスフィアの特長です。

——アイデンはなぜマインドスフィアを必要としたのですか？

当社もQC活動（現場主導のカイゼン活動）はずっとやってきているので、実作業時間が今からさらに半減するということはないと思うんです。たとえば板金作業に10時間かかっているとしたら、これが5時間になるということは絶対にない。ところがいっぽうで、当社で製造している制御盤のリードタイム（受注から完成まで）は平均1・5カ月です。工程は設計、板金、塗装、組み立て、検査と5つしかないのに、なんで1・5カ月かかっているのか？　がよく見えていないのです。

ひとつひとつの事象を見たら、たとえば今日は板金が追いついていないので塗装工程が遊んでしまったとか、組み立てに入ろうとしたらまだ部品が届いていないとか、まあいろいろあるのですが、全体として、どこにタイムラグがあるのか、何が起きているのか、がはっきり言って見えていないのです。

もちろん、工数管理はやってはいます。作業者各人が手書きで日報に記入し、翌日それを事務社員がシステムに入力しています。でも、どの作業に何分かかったか、なんて夕方に日報を書くときにはもう覚えていないですよね。つまりもともと正確性に欠けるデータでは、分析しても意味がないのです。デジタルに計測しないと、改善点が見つけられないし、生産性を向上させることもできません。

各工作機械メーカーさんは、相談しても、自社製品が動作する工程の範囲しか提案してきません。

まあ仕方ない面もあるでしょう。でもムダはたいてい、工程と工程の隙間で起きているので、それでは改善の糸口はつかめないのです。

——なぜマインドスフィアに決めたのですか？

中小企業にとって敷居が低いこと、ですね。まず大きなメリットは、標準的なＬＡＮケーブルがそのまま流用できることでした。マインドスフィアはオフィスＰＣで使っているＬＡＮケーブルと同じものが利用できるので、新しく線を引く必要がなかったのです。

機器やクラウドもシーメンスさんが一体提供してくれるので、つなぐだけで、手間がかかりません。費用も手ごろです。これまでにかかった総費用は３５０万円ほどですが、一部はＩｏＴ補助金で賄えたので、実質は２００万円くらい。利用費用も定額制で、中小企業にも導入しやすい価格体系です。これで生産性改善の糸口が見えるなら、当社のような規模の企業でも投資する価値はあります。

シーメンスさんと初めて出会ったのは、17年の11月くらいです。それまではとくにお付き合いはありませんでした。12月から検討を始めて、実質2カ月弱で導入を完了しました。現在は本社工場だけが対象ですが、近い将来ベトナム工場にも導入したいと思っています。データがクラウドに保存されて、日本からでも見えるというのもありがたいです。

昨今ＩｏＴが話題ですが、何をしていいのかよくわからなかったのです。正直、トヨタさんやパナソニックさんのような大企業にしかできないのだろうと思っていました。お金もすごくかかるんだろうし、ウチにはＩｏＴの技術者もいないし。でもマインドスフィアは敷居が低かったので、導入に踏み切れました。

——最後にひとことお聞かせください。

昨年11月、シーメンスさんのドイツの制御盤の工場を見学させてもらったんですよ。現場の作業員の能率は、ウチのほうがはるかに高いと思いました。でもその工場は、社員数はウチの4倍ですが、生産量は20倍というんです。どうしたらそんなことができるんだろう、といろいろ聞いたら、業務をＩＴ化しているんですね。経験が浅い作業員でも、コンピューター画面が指示する通りに作業すれば業務を早く正確にこなせる仕組みができているのです。これがインダストリー4・0か、と思いました。現場の方に聞いたら、『ここでも4年前まではカイゼンをやっていましたが、今はやっていません』とのことでした。

アイデンの話を聞いて、コマツＬＡＮＤＬＯＧのストーリー（1章を参照）を思い出した方もいらっしゃるのではないだろうか。「ひとつの工作機械が単体で生産性を高めても、工程全体の生産性は改善できない」「だから工程全体、機械全体のデータを一元的に集めて見える化するデータ・プラットフォームをつくった」。マインドスフィアとＬＡＮＤＬＯＧはまさに相似形を成す取り組みなのだ。

事例

ハンブルク港湾局

ハンブルク港は、ドイツ最大の貿易港である。コンテナ貨物取扱量は約930万TEU（TEU：20フィートコンテナ換算）で、コンテナ貨物取扱量が日本最大である東京港の約2倍に当たる。2011年から世界最大の貿易黒字国となっているドイツの輸出入を支える物流の一大拠点だ。

12世紀から貿易港として発展してきたハンブルク市は現在、人口170万人で、ベルリン市に次ぐドイツ第2位の大都市でもある。港湾で働く労働者はおよそ15万人で、同市の人口の1割近くを占める。港湾物流はまさにハンブルク市の基幹産業である。

しかし近年、ハンブルク港は「処理能力の拡大」と「交通渋滞の解消」という、2つの大きな課題の解決を迫られている。

物理的な拡張なしに、処理能力を2倍に

ハンブルク港を経由する物資の量は増え続けており、コンテナ貨物取扱量は、2025年までにさらに2倍以上の2500万TEUにまで増えると予想されている。したがって港湾処理能力も2倍以上に増やさなくてはならないのだが、実は港湾設備を増やすことができない。ハンブルク港は実は海

に面していないからだ。エルベ川を河口から100キロほど遡ったところにある、内陸の港なのである。ハンブルク市の中央部に位置しており、すでに物理的には拡張の余地がない。

つまりハンブルク港にとっては、既存設備の拡張なしに、「処理効率だけを2・5倍に引き上げなければならない」という喫緊の課題があるわけだ。

いっぽう、ハンブルク港周辺の幹線道路は、コンテナ輸送トラックなどによる交通渋滞が慢性化している。前述のように、ハンブルク港はハンブルク市の中心部に位置しているため、渋滞はそのまま市民生活に悪影響を及ぼすのである。これで、コンテナの流通量が2・5倍になったらどうなるか。おそらく幹線道路の機能は完全にマヒしてしまうだろう。

カギはJIT、JIS

トラックのドライバーは、日本でもドイツでも、指定刻限より早く現地に到着しようとする。早く着いて文句を言われることはないが、遅れればペナルティを取られるのだから当然だ。

ところがハンブルク港では、早く着いても、コンテナを降ろすスペースが足りず、駐車スペースも限られているので、もし空きがなければ、トラックは引き返すしかない。そして引き返したトラックは、指定刻限が近づくと、ふたたび同じ道を戻ってヤードに向かうことになる。必然的に交通量は増える。

いっぽう、コンテナ船の側も、遅れることがある。しかしある船が遅れるからといって、その間に別の船の荷揚げや荷下ろしができるわけではない。船に積み込むコンテナが岸壁に整列していなければ、そもそも荷揚げはできない。

というわけで、ハンブルク港の全体最適をはかるためには、次のような取り組みが欠かせないことになる。

●コンテナ船の入港時刻にタイミングを合わせ、その船に積み込むコンテナ（を載せているトラック）だけを港湾地区へ誘導し、それ以外のトラックは港湾地区の外で待たせておく。

●もしコンテナ船が遅れる場合には、それをリアルタイムにトラックに伝えて到着のタイミングをずらし、代わりに先に入ってくるコンテナ船に積み込むコンテナ（を載せているトラック）を港湾地区に誘導する。

これは、製造業でいうジャスト・イン・タイム（JIT）、およびジャスト・イン・シーケンス（JIS）と同じ考え方だ。自動車の製造の場合では、シャーシ（車台）がラインを流れてくるのに合わせて、組み付ける部品を順番に並べるのがJIS、それに必要とする量の部品だけを納品先から工場に運び込むのがJITだ。同じように、コンテナ船の入港に合わせ、その順番にコンテナが港に到着する（そしてそれ以外のコンテナは港湾外で待たせる）という仕組みが必要とされているのである。

ＩｏＴで交通をコントロールする「スマートポート・ロジスティクス」

ハンブルク港湾局は前述のような課題に対応すべく、ＳＡＰおよびＴシステムズと共同で、「スマートポート・ロジスティクス」と名付けた港湾情報管理プラットフォームを立ち上げた。港湾局が中心となって、ハンブルク港の情報を集積するデジタル・プラットフォームを構築。港湾にかかわる約９５０もの民間企業（荷の積み下ろし、トラック、鉄道、海運、内航、駐車場など）をＩｏＴでつなぎ、リアルタイムに交通の流れを把握しコントロールすることで、課題を解決していこうという取り組みである。

トラックの車載機やドライバーが持つスマートフォンの位置情報をリアルタイムに把握できるため、船舶の運航管理システムから得られるコンテナ船の接岸予定時刻に合わせてトラックの進入順序を決め、その荷役に関わらないトラックは郊外にある駐車スペースで待たせておくことができる。

そうした仕組みによって、トラックは渋滞による遅刻の心配がなくなるため、港湾情報管理システムのナビゲーション情報に従って順次ヤードに入ってきて、迅速に荷下ろしをし、迅速にヤードから出ていくようになる。

とはいえ、数百社に所属する一日３万３０００台ものトラックをリアルタイムにコントロールしよ

図表27 ● デジタル・プラットフォーム：ハンブルク港湾局 Smartport Logistics

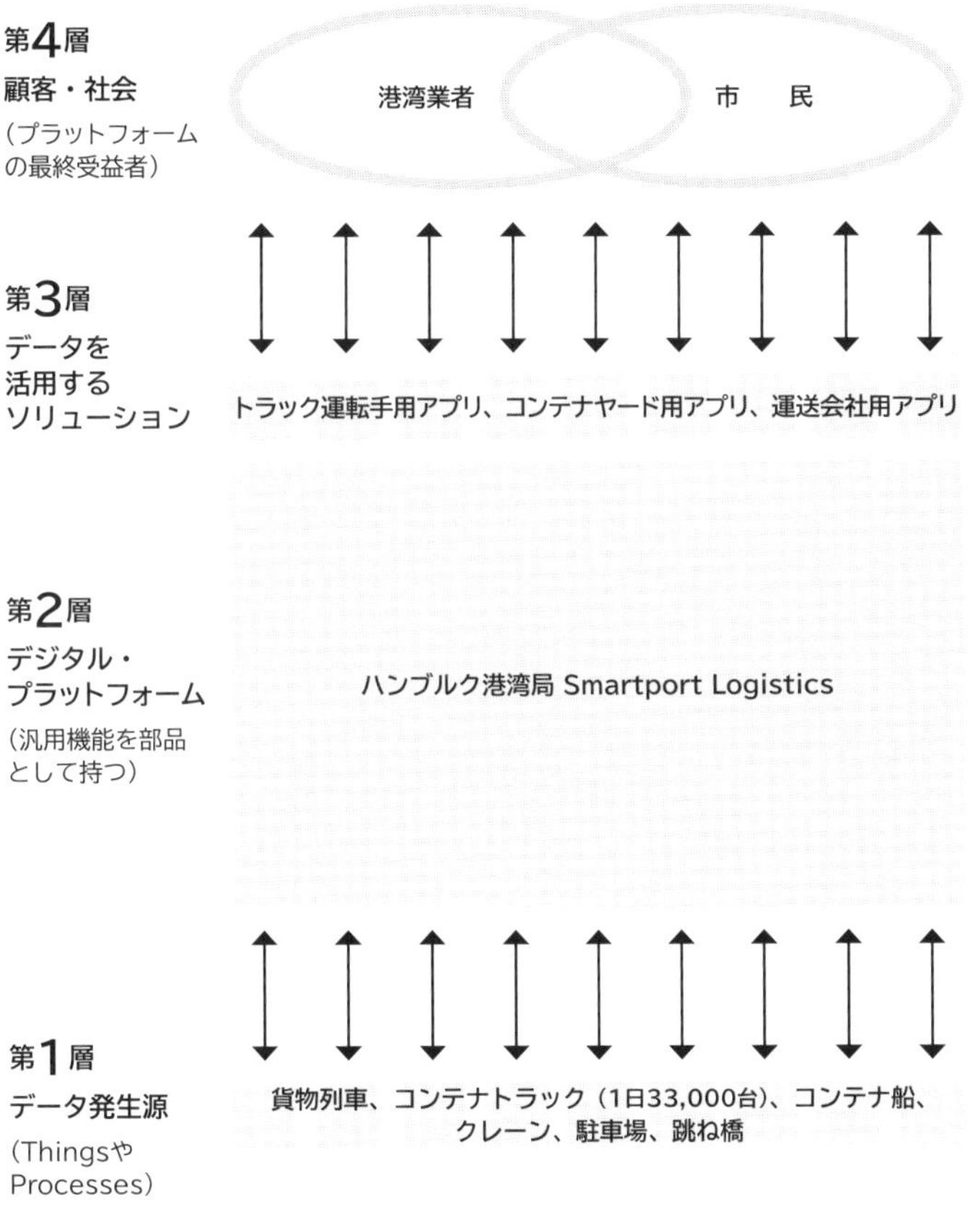

コンテナ船の入港順に合わせて、コンテナトラックを郊外の駐車場から港内に誘導。ジャスト・イン・タイム、ジャスト・イン・シーケンスにコンテナを集散させることで、取扱効率を2.5倍に高めることを狙う

うというのだから、軌道に乗るまでに多くの困難が出現するであろうことは想像に難くない。

従来、トラック、鉄道、海運など官民入り混じっての交通コントロールを行うことは非常に難しかった。交通各社がそれぞれ独自の統制システムを持ってはいたものの、他社と連携を取って全体最適を実現するようにはなっていなかったからだ。

またコンテナを搬入・搬出するトラックは、大手輸送会社の指揮下にはあるが、実際にはその下請け・孫請けの個人事業主だったりすることも多い。その分、トラックをジャスト・イン・タイムでコントロールすることのハードルはさらに高い。

しかし、ハンブルク港が2つの課題を解決するためには、他に選択肢はない。

実はケタ違いに安くつく

ハンブルク港湾局のCEO、ジェン・メイヤー氏は「システム稼働3カ月後の時点で、処理能力は12％向上しました」と語っている。この時点では、実際にスマートポート・ロジスティクスに参加しているトラックは1日あたりまだ8000台で、ハンブルク港に出入りするトラック全体の4分の1程度にすぎない。今後、処理能力のさらなる向上が期待できる。

だが違う視点で見ると、より大きな費用対効果があることにも気づく。港湾施設を物理的に拡張すると、**1000億円単位のコストがかかる**。十分な水深のある護岸を整備し、ヤードを舗装し、巨大なクレーンや港に接続する道路と橋を建設するには巨額の費用が必要なのだ。

いっぽう、今回のスマートポート・ロジスティクスにかかった費用はといえば、港湾局はコストを公開してはいないが、**50億円もかからなかっただろう**。この施策では「上物《うわもの》」、つまりフィジカルに対する投資がほとんど必要ない。トラックに積むGPSセンサーくらいのもので、あとはすべてデジタル情報処理にかかわる費用だからだ。

ハンブルク港の場合はそもそも拡張するスペースがないのだから、デジタルを活用する方法を選ぶしかなかった。しかしたとえ土地があったとしても、実際のところ、新たな港湾設備を設けるよりもずっと安くついたであろうことも確かである。

事例　コンチネンタル

コンチネンタルは、ドイツの大手自動車部品メーカーである。売上は約5・8兆円、従業員は約22万人。自動車部品のサプライヤーとして、ボッシュ、デンソーと並ぶ世界最大手の一角を占める。元は主にタイヤのメーカーだったが、近年ではあらゆる部品モジュールを作っており、とくに最近話題の自動運転技術に関しては、自動車メーカー（ＯＥＭ）をしのぐほどの実力を持つ。

そのコンチネンタルが、２０１７年６月に開始したのが「RVD」（リモート車両データ）というサービスである。これは、いま道を走っている普通のクルマのＯＢＤ‐Ⅱ端子にドングルと呼ばれる機器を取り付け、そこから得られる走行中のクルマのデータをもとに新たなサービスを開発しやすくするためのデジタル・プラットフォームだ。

OBD-Ⅱとは

ここ15年ほどのクルマは、ほぼすべてにＯＢＤ（オン・ボード・ダイアグノスティクス）と呼ばれる端子が装備されている。クルマがほぼ車載コンピューター（ＥＣＵ）によって制御されるようになったため、もしどこかの部品に動作不良や不調があった場合、その診断も車載コンピューターが担うようになったからだ。ＯＢＤは修理工場のメカニックが使う診断機器とＥＣＵをつなぐための端子だ。

第2世代の「ＯＢＤ‐Ⅱ」では、端子の形状やピンの数などが統一された。ピンは16本あり、うち5本は業界共通仕様、あとの11本は各メーカーが独自に仕様を決められる。

ダイアグノスティクス（診断）という名前のとおり、本来は修理工場に停車した状態でメカニックが使うためのものだ。だが、車載コンピューターが制御しているあらゆるデータを取り出すことができるので、これを走行中のクルマから抜き出して活用するというソリューションが数多く開発され、世に出ている。

いっぽうで、ハッキングされるとクルマ自体が乗っ取られ、大事故につながる可能性も実際に指摘されており、日本の自動車メーカーや業界団体は、走行中のＯＢＤ－Ⅱポートの利用には慎重姿勢を崩していない。しかし世界的には、ＯＢＤ－Ⅱから得られるデータの活用は隆盛を極めている。

ただしここで問題となるのが、前述の、「メーカー独自の11本のピン」である。たとえばエアコンのエラーコードを取得したい場合に、どのメーカーのクルマでも事実上同じデータが取得できるとしても、それがどのピンから送られてくるかがメーカーごとに異なると、それぞれに対応しなくてはならない。これはメーカー横断でアプリやサービスを提供したい事業者にとっては不便である。

コンチネンタルはそこに目をつけ、コネクテッド化に加えて、そうした「メーカーごとの差異」部分を吸収するという役割も併せて引き受けた。それがＲＶＤである。

コンチネンタルは、ＲＶＤでたとえば以下のような事業者に対して各々サービスを提供していく、と発表している。

●ディーラーや修理工場——顧客のクルマに対してＯＢＤ－Ⅱドングルを提供して接続しておき、部品異常を検知した場合には早期対応と部品取り寄せ、走行距離に応じたメンテナンスの提供、

図表28 ● デジタル・プラットフォーム：
コンチネンタル Remote Vehicle Data

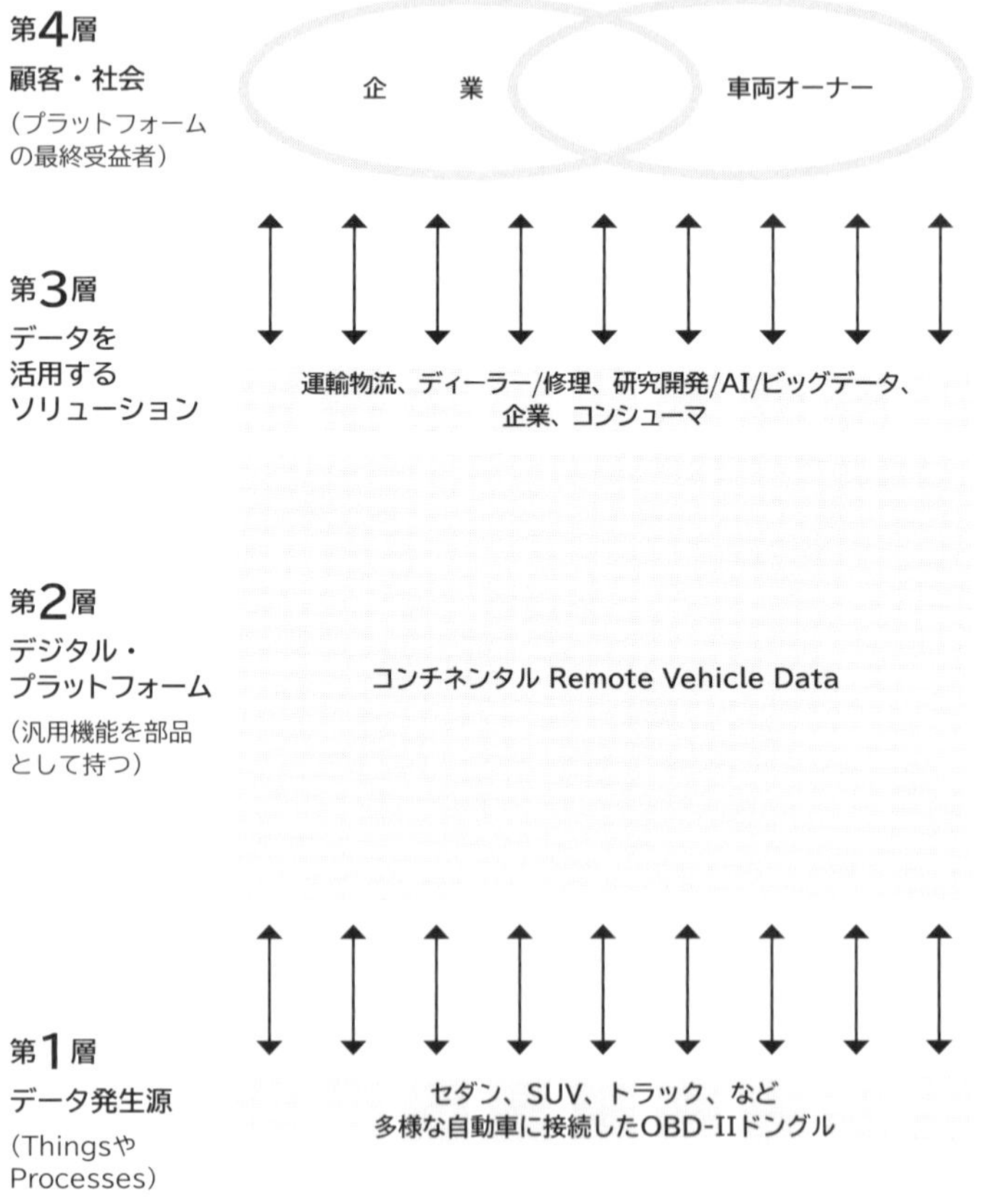

既存車両をコネクテッドカー化するプラットフォーム。OBD-IIドングルを介して世界中にある車両のデータを収集し、それをパーミッションを得られた第三者にも提供する

事故の際の対応支援など。また走行履歴とメンテナンス履歴が明確に残るので、中古車としての下取り価格を高く保つことが可能になる

- 運送事業者――フリートマネジメント（トラックの速度、距離、燃費、アイドリング、急ブレーキ、位置情報、部品の不調など、あらゆる角度からの車両のモニタリング）
- レンタカー事業者――貸し出し中の車両の、あらゆる角度からのモニタリング
- 保険会社――PAYD型（実走行距離連動型）テレマティクス保険の提供
- 自動車メーカー（OEM）の研究開発部門――使用中（走行中）のクルマから得られるあらゆるデータを、研究開発に生かす

こうした各事業者からすると、RVDを使えば、各車両からデータを取得し、それをクラウドに送信し、フォーマットを統一して、データベースに格納する、というところまではRVDに任せ、その前提でサービスを開発することができる。SDK（ソフトウェア開発キット：システム開発を楽にするための共通部品）も提供されているので、開発工数を最小限に抑え、顧客へのサービス提供に集中することができる。

今後10年～20年という長期スパンで考えれば、クルマ自体がコネクテッド化されていくだろう。従ってクルマからデータが集まることを前提としたサービスが一般的になっていくかもしれない。

だがそれまでの間、関連事業者は手をこまねいていていいのかといえば、そんなことはないだろう。

過渡期とはいえ、対象となりうるクルマは今日現在も世界で何億台も走っているのだ。

またクルマ自体がコネクテッド化されると、関連サービスもまた、企業規模が大きく体力もある自動車メーカーを軸としたサービスになっていく可能性が高い。各メーカーは当然、ライバルとの〝差別化〟あるいは〝囲い込み〟のために、コネクテッドサービスを提供していくだろう。

しかしそうなると、複数のメーカーの車両を使っている事業、たとえばレンタカー事業者にとっては、「トヨタと日産とホンダ、それぞれ別のシステムを使い分けなければならない」といった、むしろ不便なことにもなりかねない。

しかしメーカー横断の部品メーカーであるコンチネンタルなら、そうした「メーカー依存」は起きない。むしろメーカー横断型のサービスを開発・提供しやすいだろう。長年、自動車メーカーの黒子となってきた部品メーカーだが、むしろ今後はコンチネンタルが表舞台に立つ日も近そうだ。

事例 白山工業／SAP「my震度」

SAPジャパンは2016年4月、地震計と地震防災の専門メーカーである白山工業株式会社（本社・東京）と共同で、IoTを活用したソーシャル地震防災プロジェクト「my《マイ》震度」をスタートさせた。

ｉＰｈｏｎｅやｉＰａｄなどのモバイル端末に内蔵されている加速度センサーを利用して、地震による個々の建物の揺れを計測し、防災に役立てようというものだ。

地面でなく、建物の揺れを測る

ｍｙ震度プロジェクトの最大の特徴は**地面の揺れではなく、建物の揺れを測る**というところにある。気象庁や国立研究開発法人・防災科学技術研究所、自治体などが日本全国に設置している地震観測点は千数百カ所にのぼり、その性能・数ともに世界有数のレベルにある。それでも観測点は平均するとおよそ20㎞四方間隔であり、そのエリアの代表地点の揺れにすぎない。近年の研究によって明らかになってきた活断層や、地盤の強度の偏りなどを考慮に入れるには、十分な密度とはいえない。

また巨大地震が来ても、地面の揺れそれ自体により人が命を落とすわけではない。死者・負傷者の大半は地震（および津波）による建物の倒壊、およびそれに伴って発生する火災によるものだ。したがって被害を減らすには、建物の倒壊を防ぐことが重要だ。

２０１０年、白山工業と防災科学技術研究所は共同で、ｉＰｈｏｎｅに内蔵されている加速度計が地震動を計測するには十分な精度があることを確認し、ｉＯＳ端末とクラウド技術を用いた地震計測ネットワーク「i地震」を開発した。その直後の2011年3月、マグニチュード9・0の東日本大震災が発生したが、i地震は木造家屋やマンション、オフィスビルの躯体の応答データを詳細に捉えることができ、その有用性を証明した。

このi地震をベースに、SAP HANAのインメモリー・データベース技術によって、10万点以上の端末のリアルタイムなデータ処理を可能にするのがmy震度である。

my震度がもたらすメリットは大きく分けて2つある。ひとつは、**中程度の地震の際の建物の揺れ方を継続的に計測することによって、大きな地震の際に建物になにが起きるかを予測する**というもの。建物ひとつひとつは、木造か鉄筋か、平屋か2階建か、また地震ごとの震源の深さ、距離や方角などによって揺れ方は毎回異なるが、そうしたデータを中地震のたびに収集しビッグデータとして解析することで、大地震が来たときにその建物がどのような影響を受けそうかをある程度予測できる可能性がある。

もうひとつは、**大地震が起きた際に、実際の揺れをリアルタイムに把握し、初動対応に生かす**というものだ。とくに直下型地震の場合、「東京　震度7」といっても、実際の揺れは地区ごとに差がある。実際の揺れがリアルタイムに収集される仕組みがあれば、とくに揺れが激しかった＝被害が大きいであろう地区に救援隊を優先的に振り向ける、といったことが可能になる。

多様なステークホルダーとともに

ｍｙ震度はコンシューマ（個人）が端末を設置し利用することができる。アップル・iＯＳ端末（iＰｈｏｎｅ、iＰａｄ、iＰｏｄ・Ｔｏｕｃｈなど）にアプリをダウンロードし、壁や床など躯体に貼り付けておくだけで、地震の際の震度相当値の表示や、簡易な耐震性診断などが利用できる。個人での利用は無料だ。

いっぽう企業も、自社のビジネスにこのｍｙ震度のインフラを利用できる。たとえば**ＢＣＰ（事業継続計画）担当者**はｍｙ震度端末を自社のオフィスビルや工場、店舗などに設置しておくことによって、大地震の際の被災状況の予測と対応計画の立案および実施に役立てることができる。

さらに、業種別には、以下のような用途が考えられる。

- 損害保険――付保物件の倒壊リスク評価
- 建設・工務店――既存物件に対し、どの程度の耐震工事が必要かの評価
- ハウスメーカー――自社物件の耐震性の評価や保証
- 不動産――中古物件の流通に際しての耐震性の評価や保証
- 銀行（住宅ローン）――中古物件に対するローン付与の際の担保価値の評価

●小売チェーン・運輸など多店舗展開している業態――各店舗の耐震性評価、および大地震の際の被災状況のリアルタイムな見極め
●ガス・電力――地域内の被災状況のリアルタイムな見極め
●自治体・医療――地域内の被災状況のリアルタイムな見極め、避難場所となる建物や医療拠点の状況確認

だがこのmy震度プロジェクトの本当の目的は、個人・法人を問わず、設置端末の数を増やすことを通じて、高密度な地震計ネットワークを作り上げることにある。各社がそれぞれの事業目的のために端末を設置し、それが積み上がっていけば、結果として全国を高密度に網羅する次世代の地震計測ネットワークが出来上がる。そしてこのmy震度のデータは、社会の「共有財産」となり、国や自治体、大学などの公的研究機関が、防災のための研究や計画立案に役立てることができるのだ。

このmy震度の事業モデルもまた、他の事例と同じく、「デジタル・プラットフォームの4層構造」に当てはまる。

第1層の「データ発生源」は個人や企業、自治体などが個々の建物に設置し、地震の揺れを測るスマホやタブレットなどの端末。第2層の「デジタル・プラットフォーム」はそれらを集積するSAPのクラウドサーバーだ。第3層の「ソリューション」に当たるのが、「あんしんカルテ」機能を使う

図表29 ● デジタル・プラットフォーム：
白山工業／SAP my震度

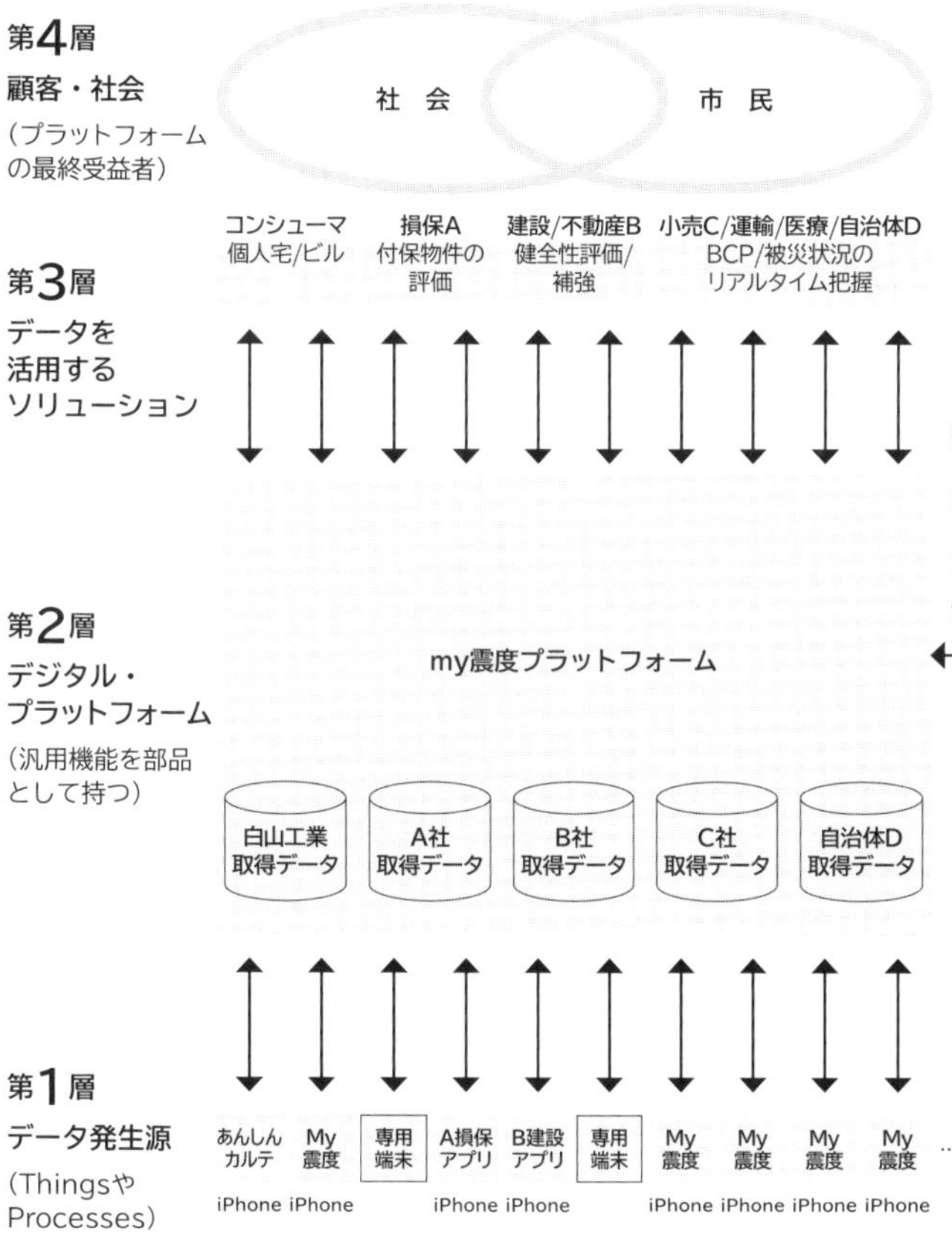

個人や、データを使う損保、不動産、電力といったステークホルダー。そして第4層の「顧客・社会」は、リアルタイムのビッグデータを防災研究や計画、初動体制に役立てる国や自治体、研究機関ということになる。

ｍｙ震度プロジェクトのきっかけとなったのは、２０１６年に開始されたＳＡＰの社会貢献活動「１ＢＬ（One Billion Lives）」だった。「２０２０年までに10億の人々に寄与するインパクトを持つアイデア」を募集したこのコンテストで、ｍｙ震度は60倍の競争率を突破して選ばれた。「ＩｏＴ時代に安くなったセンサーを用いて端末を開発し、個々の建物に取り付けて、それらのデータを防災に活用する」という、ＳＡＰジャパン有志によるアイデアだった。だが前述のとおり、白山工業と防災科学技術研究所は、アップルのモバイル端末を利用するｉＯＳアプリ「ｉ地震」をすでに２０１０年に開発していた。そこでＳＡＰは同社に協業を申し込み、これがｍｙ震度のスタート地点となった。

ｍｙ震度もまた、既存の地震計システムに比べると、ケタ違いに安くつく。従来の専用機器としての地震計は１台１００万円前後するため、一般家庭への設置などは考えられなかった。いっぽうｍｙ震度はアップルのモバイル端末を地震計として使うので、中古のスマホを利用すれば１カ所あたりのコストはほとんどかからない。

新機能「あんしんカルテ」は地震後の診断にも役立つ

ＳＡＰジャパンでは現在、ｍｙ震度のアプリをインストールしたモバイル端末を、自社オフィスや社員の自宅など約１００カ所に設置し、地震観測を続けている。また白山工業や防災科学技術研究所もそれぞれ独自に数百台の端末を設置している。

さらに白山工業は２０１８年７月、機能を追加した新アプリ「地震あんしんカルテ」をリリース。この新アプリは、地震の揺れを計測する従来の機能に加えて、地震が終わった後に建物が震度いくつまでなら耐えられそうか、その健全性を「健全」「要注意」「危険」の３段階で評価する機能を提供している。

この診断はあくまで初期的・試験的なものであり、「要注意」や「危険」が表示されたからといって直ちに何かしらのアクションが必要とされるものではない。しかしこうした情報を提供することによって、人々が建物の耐震性に関心を持ち、自分たちの身の安全は自分で守る意識を高めるきっかけになってほしいと白山工業とＳＡＰは考えている。

ＳＡＰジャパンでは今後、大都市圏を中心に全国10万カ所に地震計となるモバイル端末を設置したいとしている。また並行して海外展開も視野に入れており、すでに地震国の企業からの問い合わせが複数あるという。

中古スマホとクラウドを活用した安価なｍｙ震度システムが世界各国へと広がっていけば、日本での知見を生かしてグローバルの地震防災に寄与できるうえに、日本発、そして世界随一の地震防災情報のデジタル・プラットフォームに成長するかもしれない。今日のデジタル化が、従来のやり方を一変させるかもしれない好例といえるだろう。

あなたの会社では何をすべきか？

いかがだっただろうか。多種多様な業界の事例を紹介したが、それらすべてが同じ4層構造であることがおわかりいただけたことと思う。

言うまでもなく、「ではあなたの会社では、どうするか？」が本当の質問だ。

●自社で第2層を構築するか？　その力は本当にあるか？　誰かと組めば可能か？

●その場合、第4層は誰か？　その第4層に対して、十分に大きい社会的なメリットを届けることができるか？

●あるいは、誰かに第2層を構築させ、自社は第1層あるいは第3層に徹するか？　そうすることで、道が開けるか？　それとも、誰かに支配される、ワンオブゼムになってしまうか？

各社ごとに状況は異なるから、これらの質問に対する一般解はない。この点は各社が独自に考えていくしかない。

ただし、その「考え方」については、方法論はある。それが次章で説明するデザイン思考である。

6章

デザイン思考で
顧客の「真の欲求」を見極める

実践例から学ぶ

前章までで、これから日本企業が向き合わなくてはならない**「デジタル・イノベーションの大競争時代」**について見てきた。「十字フレームワーク」(2章)にならえば、タテ軸(既存事業)とヨコ軸(デジタル)の掛け算で、右上＝顧客の真の欲求を満たす新たな事業モデルを見つけることがカギになる。また「デジタル・プラットフォームの4層構造」(5章)にならえば、他社をも巻き込んだデジタル・エコシステムを作り上げるためには、第4層＝社会的意義までを満たす事業目的を見出す必要がある。

だが、そうした新しい事業アイデアを、あなたは、どのようにすれば考えつくことができるのだろうか？　スティーブ・ジョブズのような天才が社内にいればよいのだろうが、残念ながらそうもいかない。というより、1人の天才に頼っているようでは、いずれにせよ継続性がない。イノベーションをあなたの組織のDNAの一部とし、イノベーションが継続的に起きる企業文化をつくるにはどうしたらよいのか？

こうした悩みをもつ世界中の企業が取り入れているのが、**デザイン思考**である。2005年ごろから徐々に知られるようになったデザイン思考は、欧米企業の間では一時のブームを超えて定着フェーズに移ってきており、また日本でもこれを取り入れる企業が増えてきた。まずその実践事例から見ていこう。

事例 GEのMRI

デザイン思考の効果を物語る、非常に有名な事例が、ゼネラル・エレクトリック（GE）の小児病棟向けMRI（核磁気共鳴画像撮影装置）の開発ストーリーだ。

MRIは1台1億円を超える、非常に高価な医療機器だ。したがって、MRIをできるだけ効率よく、つまり、できるだけ多くの患者の診療に使いたいのが病院の本音だ。ところが、実施する上でネックになるのが子どもの患者たちである。子どもにおとなしくMRIの検査を受けてもらうのが、病院にとっては一苦労なのだ。

MRIの検査は、子どもにとっては「狭く、暗い穴に入っていく」ようなもの。そして検査中は、ものすごい騒音の中、動かずにじっとしていなければならない。正直、大人であっても精神的苦痛を感じるほどなので、幼い子どもたちは、恐怖で泣き叫んだり、じっとしていられないことが多い。そのため、子どものMRI診断は失敗することが多く、病院としては頭痛の種になっている。

従来型のビジネス思考であれば、GEは製造業としてこの課題を解決するため、当然のように、**MRIの機能自体を改善しようと努めた**だろう。たとえば、「音が以前より少しでも静かなMRIを作る」

といった方向である。

ところが、スタンフォード大学の「dスクール」（後述）で学んだGEのあるマネージャーは、そこで身につけたデザイン思考を生かして、MRIの検査を、子どもにとっての「冒険物語」に仕立ててみることにした。

写真のように、MRIを海賊船、あるいは宇宙船に見立ててペイントを施し、さらに海賊のような、あるいは宇宙服のような、子どもの患者用のコスチュームも用意した。MRIの検査の前、検査技師は宇宙服のコスチュームに身を固めた子どもにこうささやく。

「いいかい、これからキミは、宇宙探検に行くんだよ。ロケットはすごい音がするけど、しっかり手すりに掴まって。動いちゃだめだよ、宇宙海賊に見つかっちゃうからね」

子どもは、これから起こるアドベンチャーにわくわくしながら「宇宙船」に入っていき、轟音の中でも海賊に見つからないようじっと動かず、そして無事に「冒険から戻って」くると「やった！　宝物を見つけて無事に帰還した！」と喜ぶ。そして最後に、病院のスタッフにこう聞くという。

「ねえ、次は、いつ乗れるの？」

MRIの改装にかかった費用はほんの数万円だろう。だが、たったそれだけの投資と、ユーザー（子どもの患者）の心情に共感し、それに合わせたストーリーを与えたことによって、MRIは「怖い検査機器」から「楽しい冒険旅行に出かけるための宇宙船」に生まれ変わったのだ。

図表30 ● "デザイン思考"を経た、小児病棟むけMRI

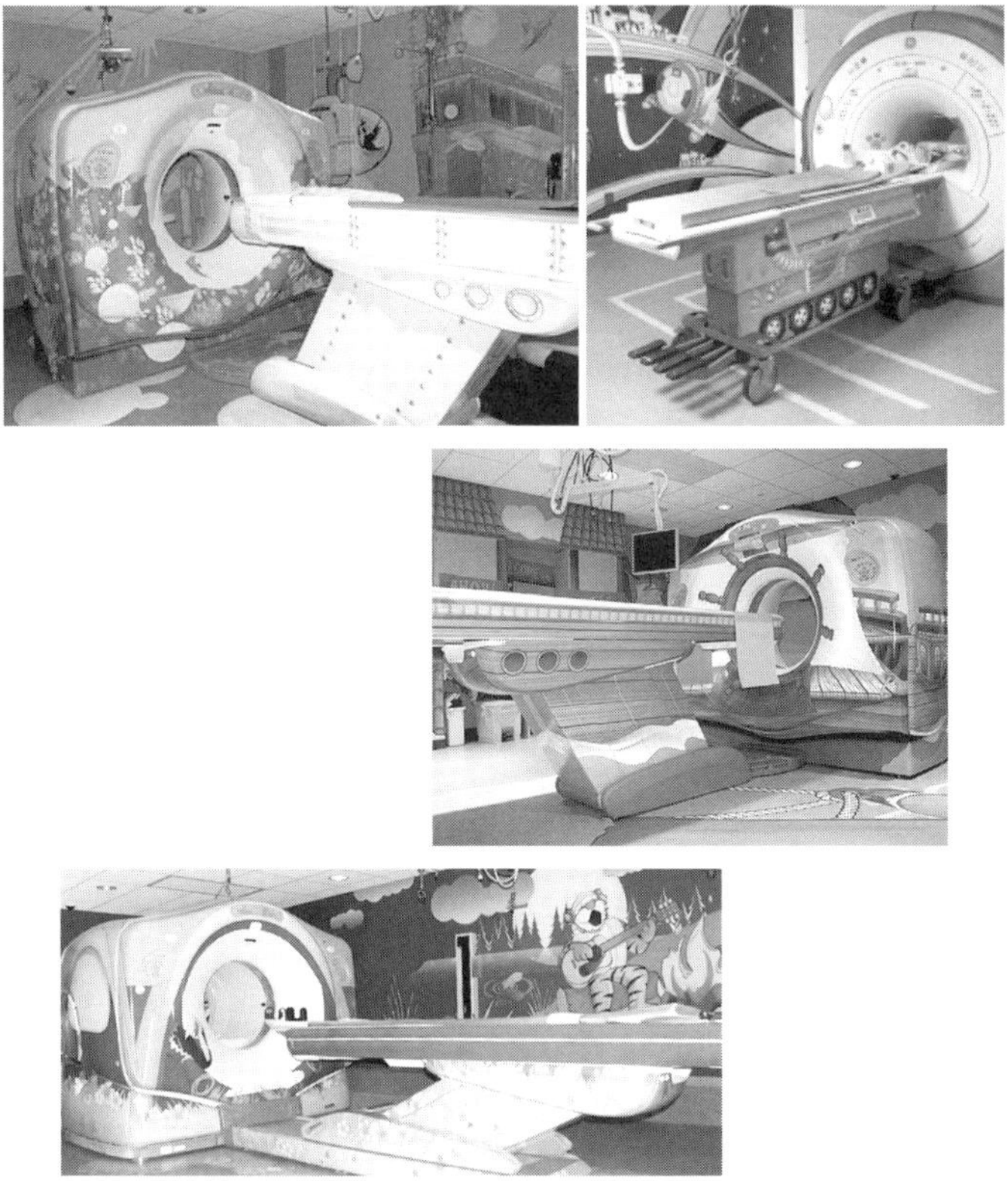

写真提供：SAP

もし従来型のビジネス思考に立ち、製造業として「よりよいMRIを作る」というアプローチをしていたらどうなっただろう？　数億円の研究開発費と数年の時間をかければ、騒音を1割か2割減らすことはできたかもしれない。しかし、たとえ音が半分になっても、「子どもたちの恐怖を減らす」という点では、ほとんど効果はなかったかもしれない。

この事例のように、デザイン思考によって、ユーザーの視点に立った課題解決のアプローチをすると、**従来とはケタ違いに安いコストで目的を達成できる**ことがある。実はこれこそが、デザイン思考を取り入れた企業が得ている最大の価値かもしれない。

事例　アリアンツ・アレーナ

「アリアンツ・アレーナ」はドイツ・ミュンヘンにあるサッカースタジアムだ。ブンデスリーガ（ドイツのプロサッカー1部リーグ）5連覇中の世界的な強豪クラブ「バイエルン・ミュンヘン」のホームスタジアムでもある。

人気が高いバイエルン・ミュンヘンの試合は毎回、約7万5000人のファンでスタジアムは満員になる。当日は約1万1000台のマイカー、約350台のバスが会場に押し寄せ、試合の開始前や終了後のスタジアム周辺ではどうしても渋滞が起こる。しかし観客は高価なチケットを買って観戦に来ているのだから、スムーズな入退場ができなければ満足度は下がる。万一、キックオフに間に合わなかったりしたら最悪だ。

これを単に「交通渋滞を解消したい」という課題だと考えると、たとえば「周辺道路や駐車場を拡張する」あるいは「バスを増便する」といったアイデアが出てくるだろう。しかしそれには莫大なコストがかかるし、試合の日にしか稼働しない設備に投資するのはいかにも効率が悪い。

しかし**ファンのニーズは「サッカー観戦という体験を楽しみたい」だ**。それなら、まずはなるべく早くスタジアムに来て、長く過ごしてもらうよう仕掛けることで、試合前のピークを緩和することができる。しかもスタジアムに来たファンは、ビールや食べ物を買ったり、ロゴの入ったチームグッズを買ったりするのだから、一石二鳥だ。

さらにアリアンツ・アレーナは、ファン用アプリを公開し、試合当日はスマホのGPSを通じて位置情報を提供してもらうことにした。それによって、どのくらいのファンがどの道路を通ってスタジアムに向かっているのかを、リアルタイムで把握できるようにしたのである。たとえば事故渋滞があって、スタジアムに東側から向かっているファンのクルマの入場が滞ると予想されれば、東側ゲート付近のスタッフを増員してマイカーを誘導させ、また臨時ゲートを開けたりして、入場を少しでもスムーズにできるよう対応する。

また試合終了後は、観客が一斉に帰宅するため、スタジアム周辺はさらなる大混雑に陥るのが常だったが、試合後に選手との握手会やプレゼント抽選会などのファンイベントを開催することによって「一部のファンを足止めする」という手も打っている。これによって、ファンの満足度を高めつつ、観客の帰宅時間を少しでも分散させようとしているのだ。「ファンに喜んでもらいつつ、コストをあまりかけずに、混雑を緩和する」という課題を設定し、デザイン思考を用いて検討することで、こうした解決策が生まれたのである。

いまさら聞けないデザイン思考

デザイン思考とは何か？「聞いたことはあるが、今ひとつよくわかっていない」という方のために、デザイン思考の超概論をまとめておく。

デザイン思考とは「マインドセット」

デザイン思考というと、壁一面に貼られた付箋を前に、カジュアルな服装の参加者が何かしらディスカッションをしている、いわゆる「デザイン思考ワークショップ」の様子を思い浮かべる方がいるかもしれない。

デザイン思考を用いたワークショップそのものは、大勢のメンバーが集まってアイデアを出し合うところから、「デザイン思考って、ブレスト（ブレイン・ストーミング）の一種でしょ？」と思っている方も少なくない。たしかに、アイデア出しが目的であるから、ブレストの一種と考えても間違ってはいない。

だが、デザイン思考の「総本山」ともいうべき、スタンフォード大学の通称「dスクール」によれば、**デザイン思考とは「手法」ではなく、「マインドセット」（考え方）なのだ**という。課題解決に臨んであらゆる物事に考えを巡らせる際、アウトプットを的確に導き出してくれる思考法全体を指して、デザイン思考と呼ぶ。

では具体的には、デザイン思考とは、どのようなマインドセットなのか？

マインドセット① 「デザイン」は課題解決の手段

デザイン思考の源流が**工業デザイナー**、とくにシリコンバレーの工業デザイン会社である**IDEO**

（アイデオ）にあるのはよく知られている。

工業デザインとは、工業製品、とくにヒトがじかに触れながら使うモノをデザインし、より使いやすく仕上げていくという仕事である。コップやフォーク、文房具やイスや机、家具や家電、クルマや飛行機など、およそ現代の先進国で目にする工業製品で、工業デザイナーの手が入っていないものは存在しないと言ってもいいだろう。

また「飲料のペットボトル」とか「コピー機で使うA4サイズの紙500枚入り」といった「パッケージング」にも、使いやすく・こぼれにくく・開けやすくするための工夫（＝デザイン）が多く詰まっている。これらも工業デザイナーの仕事である。あなたが今、顔を上げて周囲を見渡したとき、目に映る自然物以外のモノは、すべて工業デザイナーの手が入った「デザイン思考のアウトプットである」と言ってもよい。

IDEOは、**「工業デザイナーの仕事とは、顧客の課題解決である」**と言う。つまり**デザインとは、それがモノであれコトであれ、課題を解決するための手段のことであり、「良いデザイン」とは「課題をよりよく解決するアウトプット」を指す。**

だが、課題をよりよく解決するためには、まず、**「そもそも何が本当の課題なのか？」**を正しく把握し理解しなくてはならない。

「何を当たり前のことを」と思われたかもしれない。製造業であろうとサービス業であろうと、あらゆるビジネスの価値は顧客の課題解決にあるはずだ。自動車メーカーの価値は、顧客の「自分で払える値段の範囲で、安全でカッコいいクルマを所有する」という課題を解決することだし、ファミリーレストランの価値は「手頃な値段で、家族や友達とカジュアルに食事をする」という課題を解決できることにある。

だが現実には、多くの企業は、「自分たちのやれる範囲、得意な範囲で」顧客の課題を「部分的に」改善する、という活動にとどまっているのではないだろうか？

たとえばコマツは、より優れた建機を製造することで、「土木工事を効率よく進めるために、より性能のよい建機がほしい」という顧客の要望に応えようとしている。だが顧客の本当の課題は、性能のよい建機だけでは解決できなかった。だからコマツは自分たちのビジネスモデルの殻を破って、ＬＡＮＤＬＯＧ（1章を参照）という新しいビジネスモデルを作り、顧客の課題をより広いスコープから解決する方向に踏み出したのだ。

もちろん、すべての企業が、すべての顧客の課題解決を手掛けられるわけではない。しかし少なくとも、**「自社の本当の顧客は誰か？」「自社（の商品）が解決しようとしている本当の課題は何か？」**ということを改めて問い直してみようとするとき、デザイン思考はとても役に立つ。

マインドセット② 顧客の立場になって考える

「デザインは顧客の課題解決の手段である」という以上、デザイン思考の実践者は、自分たちの製品やサービスのことよりも先に、まず「その顧客の課題」について理解しなくてはならない。つまり、まず顧客の立場に立って考えてみる必要がある。

図表31の「イノベーションに通ずる3つのレンズ」も、デザイン思考のマインドセットを端的に表すものとしてよく使われている。

●フィージビリティ（技術的な実現性）――ひとことで言えば「ウチの技術でやれるのか？」

●バイアビリティ（経済的な実現性）――ひとことで言えば「それは売れるのか？　利益は出せるのか？」

●デザイアビリティ（ヒトのニーズ）――ひとことで言えば、「それって、ユーザーは嬉しいのか？」

このうち、フィージビリティとバイアビリティについての検討は、誰でもやっている。あなたの会社でも当然やっているだろう。技術的に作れないものの話をしても意味がないし、売れない・利益が出ないものを商売にしても仕方がないからだ。いっぽう、デザイアビリティについてはどうだろうか？

この世に「お客様第一主義」を謳わない企業はない。あなたの会社でも「お客様中心」が社是の一

図表31 ● イノベーションに通ずる３つのレンズ

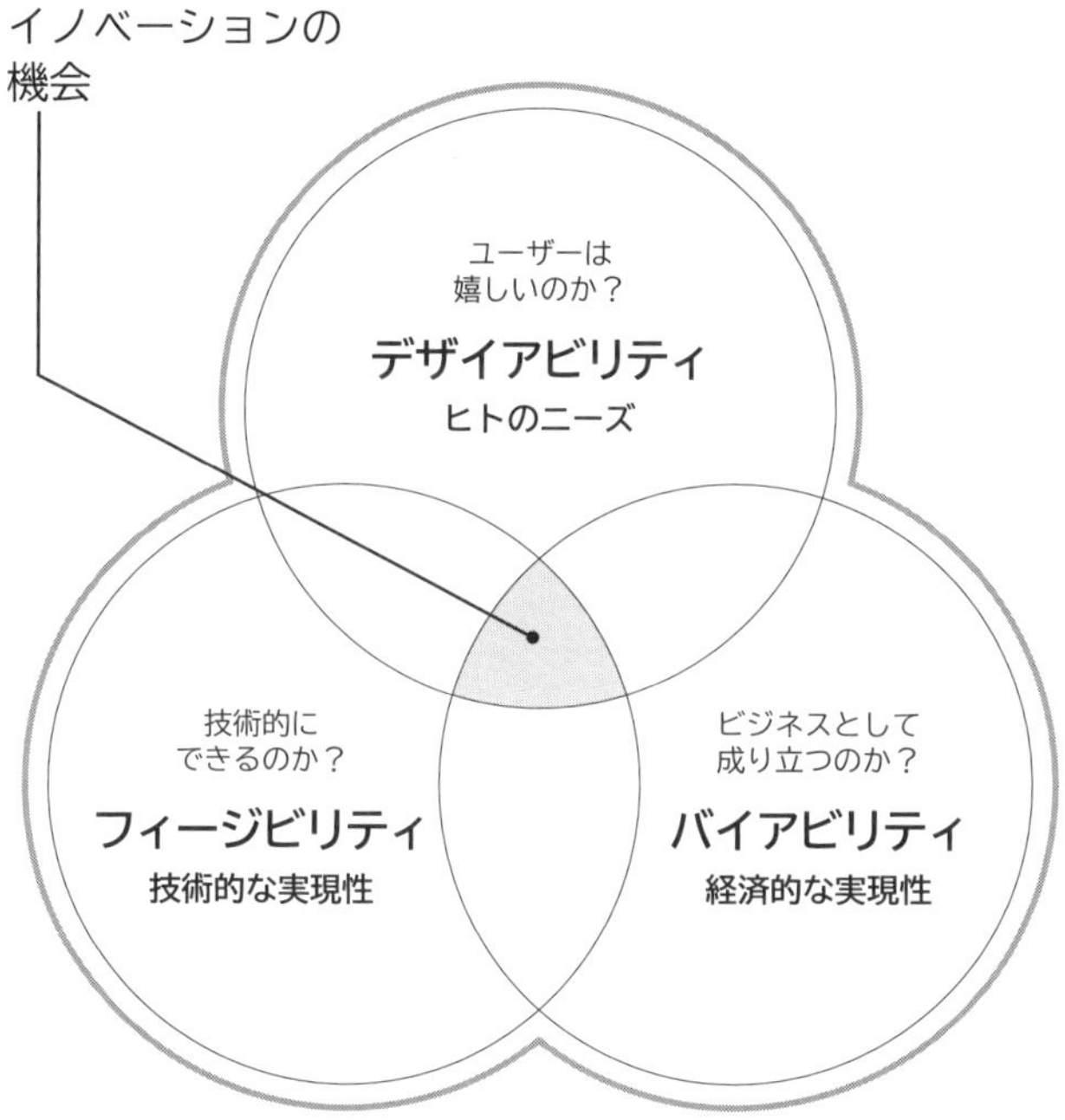

イノベーティブな解決策は
ヒトのニーズ、経済的な実現性、技術的な実現性が
出合うところに生まれる

部になっているだろう。だが、あなたの会社の事業は、本当に顧客のことを考え、顧客の課題解決になることを突き詰めているだろうか？　実際には、「いまある自分たちの商圏の中」で、「自社の既存製品よりハイスペックなもの」を作る活動、になっていないだろうか？

マインドセット③　プロトタイプ志向

工業デザイナーのマインドセットのもうひとつの特徴は「プロトタイプ志向」だ。製品やサービスを提供する側が机上であれこれ悩むより、とりあえずプロトタイプ（試作品）を作って実際のユーザーに触ったり使ったりしてもらい、ユーザーからのフィードバックをもってその良し悪しを判断しながら改善していく、というアプローチである。

このアプローチの裏には、**「最終的に製品が良いか悪いかを決めるのは提供者ではなくユーザー。それならユーザーに聞きながら製品を作ったほうが結局、良い解に早くたどりつける」**という思想がある。

机上でも時間をかけ、いろいろと検討すれば、それなりに優れた製品を作り出すことはできるかもしれない。しかし本当のところは、提供者がどんなに良いと思ったところで、ユーザーが良いと思わないならそれは良いモノではない。それならまだ緩い段階のアイデアでもとにかく早くプロトタイプというカタチにしてしまい、テストユーザーに試してもらって反応を見るほうが、結果的に早く正解にたどり着ける可能性が高い、というわけだ。

このプロトタイプ志向を端的に表現する言葉として、**「早く、たくさん失敗せよ（Fail early, Fail often）」**がある。減点主義がはびこる日本企業からすると、「失敗せよ」という言葉は重過ぎるように響くかもしれない。だがここで言うプロトタイプは完成品ではなく、あくまで〝叩き台〟、つまり叩かれることを前提に作っているものなのだから、気にする必要はない。むしろ他の機能などをとことんそぎ落として、**とにかく早くつくることがポイント**だ。なぜなら**早ければ早いほど、限られた期間の中で多くサイクルを繰り返す**ことができ、より良いアウトプットにつながる可能性が高いからだ。

プロトタイプ志向は、プロダクトアウト（作り手優先）の姿勢を戒め、「最初からマーケットイン（顧客・ニーズ重視）の発想で臨もう」というマインドセットだと理解してもよいだろう。このマインドセットも、日本企業、とくに製造業の製品開発部門の方からすると、自らの価値の否定くらいに感じるかもしれない。

だが、社会の成熟と多様化が進み、ユーザーのニーズはかつてなく捉えにくくなっている。自分たちが理解している（という思い込みにすぎないかもしれない）ユーザーニーズを当てにして製品を完成させてしまうというのはリスクが高すぎるのではないだろうか？

デザインとは「設計」。「意匠」ではない

ちなみに、英語の「デザイン（design）」という単語も、日本語では適切に理解されていないことがよくある。「このデザインは美しい」などというように、日本語の「デザイン」とは美術的な美しさ、いわゆる「意匠」の意味で使われることが多い。

だがデザイン思考における「デザイン」は、**日本語でいえばむしろ「設計」の意味に近い**。モノやコトを使いやすくするための意図的な努力全般を指す。デザイン思考では、「顧客体験をデザインする」とか「サービスデザイン」とかいった表現を用いるが、いずれもデザインを「設計」に置き換えると、意味がわかりやすい。

ちなみに昨今、「デザイン経営」という言葉も見かけるが、その内容を見ると「意匠の美しさを追求する話」と「デザイン思考を取り入れる話」がごちゃ混ぜになっており、むしろ混乱を助長していると考えざるを得ない。少なくとも「デザイン思考」における「デザイン」には、美術的な美しさの要素はまったくない。

（余談だが、「デザイン」と「アート」の違いもまた、明確に意識されていないことがある。あな

たは説明できるだろうか？　アーティストとは基本的に、自分の内面から湧き出るものを表現するという職種。それに対して、デザイナーには必ずクライアント（発注者）がいて、解決してほしい「課題」があり、それに応えるアウトプットを出すという職種だ。アーティストにはクライアントはいない。）

デザイン思考も万能ではない

むろん、デザイン思考というマインドセットにも限界はある。適用が難しい代表的なケースは、以下の3つである。

- ●プロトタイプが簡単に作れない業界はどうするのか？（例：素材、部品）
- ●プロトタイプの試用に危険が伴う業界はどうするのか？（例：自動車、医療）
- ●そもそもB2Bで、「エンドユーザー」が対面にいない業界はどうするのか？（例：部品、素材、化学、商社）

もともと工業デザイナー、つまり「目に見えて、触れるものを作っており、ユーザー（人）に簡単に試してもらえる」という業種で生まれた考え方なので、それがすべての業界に適用できるというわけではない。自ずと向き不向きはある。

しかし実際には、適用が難しい業種においても、そうした弱みを補って有り余るほどのメリットが得られることがわかってきた。だからこそ、デザイン思考がこれだけもてはやされているのである。

デザイン思考小史

前述のように、デザイン思考はシリコンバレーの工業デザイン会社ＩＤＥＯ（アイデオ）が発祥とされるが、これを体系化・汎用化してビジネスに広く利用できるように発展させたのは、米スタンフォード大学の「ハッソ・プラットナー・インスティテュート・オブ・デザイン」（Hasso Plattner Institute of Design）、通称**「dスクール」**（d.School）である。

発端は２００４年、ＩＤＥＯの副社長デイビッド・ケリー氏が、米ビジネス誌に「The Power of Design」と題した論文を寄稿したことに始まる。デザイン思考がビジネス・イノベーションにもたらす強力な作用を提唱したこの論文は、デザイン思考の定義を世界に知らしめる先駆けとなった。

ＳＡＰの創業者の１人であり、現在もＳＡＰの監査役会議長を務めるハッソ・プラットナー氏は、偶然これを飛行機の機内で手にし、強い衝撃を受けたという。プラットナー氏は着陸後すぐにケリー氏に電話を掛け、このイノベーションの教科書とも言えるフレームワークを世の中に広める支援を申し出、２人の交流が始まった。

そして2006年、プラットナー氏は3500万米ドル（日本円に換算して約38億円）の私財をスタンフォード大学に寄付してdスクールを立ち上げ、ケリー氏を同校教授に迎えた。

スタンフォード大学の美しいキャンパスのほぼ中央、エンジニアリング・スクールとビジネス・スクールの接する位置に建てられたdスクールは、スタンフォードでも一、二を争う人気学部となった。多様な専攻を持った学生が集まり、デザイン思考を用いた問題解決に取り組んでいる。ここで行われる授業には講義形式のものは少なく、多くがフィールドワークを中心とした自律的なプログラムだ。課目から時間割に至るまで、学びを得るプロセスそのものがデザイン課題となっており、多くの社会課題に対するイノベーションが生まれ続けている。

この「dスクール」はその後ドイツのポツダム大学、およびフランスのパリ工科大学にも設立され、さらに南アフリカ等の新興国地域にも展開が予定されている。

世界中からdスクールに集まり、デザイン思考を学んで世界に飛び出していったdスクールの大勢の卒業生たちの手によって、ビジネスの世界にデザイン思考の種が蒔かれ、そして花開いていくことになった。

なぜ、今、取り組むべきなのか？　日本企業にとっての価値

なぜデザイン思考が注目されているのか？　いくつかの理由があるので、これから紹介していくことにしよう。とくに日本企業は、海外企業と比べても、デザイン思考のニーズがより強いと思われる。

イノベーションのジレンマ

ハーバードビジネススクールのクレイトン・クリステンセン教授が1997年に著し、たちまち世界的なベストセラーとなった『イノベーションのジレンマ』では、優れた企業が「合理的に」判断した結果、破壊的イノベーターに負けてしまう、5つの理由を挙げている（以下、カギカッコの中は、新規事業の社内プレゼンに対し、経営陣から出される反論の例）。

① 既存顧客や短期的利益を求める株主の意向が優先される。
「そんな、モノになるかどうかもわからない新規事業に資本を投入するくらいなら、既存製品の強化とか、株主への還元に回すべきでは？」

② 新規事業は大企業には小さすぎる。
「で、その新規事業とやらの目標は？　3年後に10億円？　ウチの規模からしたらゴミだね、もっと大きくなきゃやる価値ないよ」
③ 存在しない市場は分析できない。
「で、市場調査はしたの？」
④ 組織が既存事業に最適化しすぎて、新規事業に対応できない。
「研究開発部門も生産部門も営業部門も、既存事業で手いっぱいで、そんなもの相手にしてくれないよ」
⑤ 既存技術をさらに高めても、それに需要があるとは限らない。
「既存のデジタルTVでも十分にキレイ。そのうえ4Kとか8Kとか言われてもねえ……」

同書が世に出て20年がたった今も、とくに日本の大企業においては、クリステンセン教授が指摘したジレンマの問題は、色あせるどころか、むしろより顕在化しているのではないだろうか。あなたの会社でも、新規事業を担当する部門にいる社員などは、まさに日々痛感している問題ではないだろうか。

なによりやっかいなのは、ジレンマは**合理的判断の結果**、生じていることである。経営の意思決定の基準ともなってきたビジネス思考に基づいて下された判断の結果がそのままジレンマの根源になってしまっているのだ。

過度のビジネス思考の弊害

「失敗」を恐れて机上の検討を繰り返すのは、昨今の日本企業にありがちな傾向だ。戦後から高度成長時代にかけてはむしろ「チャレンジャー」であり、積極果敢なチャレンジを恐れなかった日本企業だが、その多くは、バブル崩壊あたりからすっかり〝大企業病〟に冒され、保守的、官僚主義的になってしまった。

右肩上がりの成長が止まると、資金的余裕もなくなり、新しい取り組みに慎重になっていく。企業の成長が止まると、ポストも増えなくなり、社員の昇進競争は激しくなる。そうすると人事評価における「減点」のウエートが高くなり、新規事業にチャレンジするよりも、手堅く既存事業を伸ばすことに専心するほうが出世につながるケースが増えた。

現在の企業の経営陣の多くは、こうした環境下で、ビジネス思考によって成功を積んできた人たちだ。だから、これまでに経験したことのない新規分野への投資は避け、既存事業の強化、あるいは過去の成功体験に照らして見込みのありそうな事業への投資に絞り込むようになる。

その結果、日本企業の内部では、イノベーションのジレンマの5項目のような会話が繰り返されるようになる。まさに大企業体質にどっぷりとハマってしまうケースが増え、それが「失われた30年」の大きな原因のひとつになった。

イノベーションのジレンマは、「合理的に判断」した結果、陥ってしまう。だからこそジレンマと呼ばれるわけだが、ビジネス思考をいくら徹底しても、いや、すればするほど、ジレンマにハマってしまう。したがって、**これを解決するには、ビジネス思考以外のマインドセットを持つしかない**。そのひとつがデザイン思考なのである。

十字フレームワークを使った「顧客の再定義」に役立つ

前章までで見てきたように、現在の企業はまさに、従来のお互いの領分を越えて争う「越境バトルロイヤル」の時代に突入している。多くの業界では、市場が成熟・飽和し、製品の機能もハイスペックになりすぎて、顧客ニーズを追い越しつつある。そのため、ターゲットである顧客を再定義し、従来とは異なった市場へのアプローチを図る必要が出てきている。しかし越境して新たな市場に入ろうとするのであれば、「新しい顧客はいるのか?」「その顧客のニーズは何なのか?」という課題を検討する上で、企業がまだ知らない、新しい顧客自身のニーズにフォーカスしなければならない。

2章で扱った「十字フレームワーク」でいえば、**【右上】**にあたる**「顧客の真の欲求」**がこれにあたるが、これを見つけ出すのは簡単なことではない。ビジネス思考で考える限り、タテ軸をさらに伸ばす（既存事業をさらに改善する）ことは考えついても、従来満たすことができていない、「より高次の真の欲求」にたどり着くのは難しい。

ここがまさにデザイン思考の出番だ。「フィージビリティ（技術的な実現性）」と「バイアビリティ（経済的な実現性）」をいったん置き、「デザイアビリティ（ヒトのニーズ）」に集中するデザイン思考は、「顧客の真の欲求」を追求するには最適なツールだ。

そしていったん**【右上】**が定まってくると、**【右下】つまりIoPを考えるのは、実は意外に簡単だ。**

その理由はおもに3つある。

①**デジタル・イノベーションには必ず先行事例がある**――前章までで見てきたように、デジタル・イノベーションのほとんどは、実はすでに他の業界において前例があるビジネスモデルの〝焼き直し〟だ。まったく新しいイノベーションのように見えても、実は他の業界での成功パターンを移植した、いわば「二匹目、三匹目のドジョウ」であることが多い。

②**デジタルで「できないこと」はほとんどない**――3章の「デジタルの5大特長」でみたように、デジタルのコンピューティング・パワーは強力になり、クラウドの活用によって初期費用が下がっ

て、企業のデジタル導入はかつてなく容易になっている。またデジタルを介して自社と他社のシステムをつなぐことで、他社の経営リソースを借りる（調達する）こともかつてなく容易になった。さらにスマホやIoTの普及によって、顧客個人やモノといったフィジカル世界とさえもつながることができる。

③ 通常の解決策よりずっと安くつくことも多い――本章冒頭のGEのMRI、アリアンツ・アレーナの事例のように、「顧客の真のニーズは何か？」というデザイン思考で課題に向き合うと、結果としての解決策は（ビジネス思考の解決策と比べて）極めて安くつくことがよくある。実はこれがデザイン思考の最大の利点といえるかもしれない。

ビジネス思考とデザイン思考のバランス～「両利き経営」が求められている

ここまでデザイン思考の重要性がより増していることについて解説してきたが、だからといってビジネス思考が不要になるわけではない。たとえば、PDCAサイクルで事業の効果を検証するときのように、目的が定まっていて、分析すべきデータが集積できているような場合には、ビジネス思考が力を発揮する。

デザイン思考とビジネス思考は一見、水と油のように、見事なまでに対照的である。しかし、現代の企業経営にはどちらも必要なのだ。対照的な思考法だからこそ、相互補完することができ、2つの思考法が相まってこそ、企業経営を正しい方向に導けるのだ。

かつてはビジネス思考中心の経営だけで成長できたかもしれないが、これからはデザイン思考も取り入れなければ、事業は行き詰まってしまう。つまり、2つの思考回路を両立させ、デザイン思考とビジネス思考をハイブリッドして使い分ける「両利きの経営」が、これからの企業リーダーには必須になってきているのだ。

デザイン思考はシリコンバレーの共通言語に

いっぽうで、デザイン思考は今や、シリコンバレーの起業家たちにとっては事実上の「共通言語」となりつつあるという。考えてみれば、当然の話だ。

スタートアップ企業は、大企業のような経営の「リソース」を持っていない。あるのは「社会課題を解決するアイデア」と「解決しようとする熱意」だけだ。

リソースが限られる中で、課題を解決しようとすれば、「普通よりずっと安くつく解決策」を見出すことに力点が置かれ、自ずとデザイン思考に行き着くというわけだ。また、徒手空拳のベンチャーは、アイデアで勝負するしかないわけだが、「良いアイデアをスピーディーにひねり出す」には、顧客の立場から発想するというデザイン思考が最適なのだ。

最近、日本の大企業の間で一種のブームともなっている「オープン・イノベーション」や「スタートアップ企業との協業」も、その下敷きとなっているのは「新しいアイデアを取り入れたい」という、ある種の「デザイン思考的」な考え方だ。ところが、そうした取り組みは、あまりうまくいっていないことも多い。その原因としては、スタートアップ企業がデザイン思考で動いているのに対して、大企業のほうは依然としてビジネス思考の発想から抜け出せないので、お互いの考え方がかみ合わない、という見方もできる。

ということは、もし大企業がそうした取り組みを成功させたいと考えるのであれば、まずデザイン思考を体得するのが早道ということでもある。

大企業でも定着フェーズに

デザイン思考の活用の歴史が比較的長い欧米の大企業では、デザイン思考を特別なものでなく、日常の一部にしようという動きが広がっている。「新規事業を考える」などの特別な機会にだけ使う手法ではなく、日常的なビジネスにおいても活用し、「両利き経営」を定着させようというのである。

いっぽう日本でも、デザイン思考を取り入れ始めた企業がいくつか出てきている。ここではこうした取り組みをいくつか紹介しよう。

事例 ダイムラーのデザイン思考への取り組み「ステラ」

2008年にカーシェアリングサービス「car2go」（2章）を生んだドイツの自動車会社ダイムラー。創業から130年を超え、売上高21兆円、社員数28万人を超える巨大企業だが、デザイン思考を自社のカルチャーの一部として取り込んでいく、という取り組みを2016年より本格的に開始した。コーチとしてコンサルティング会社など数社に声をかけた結果、SAPを選定。SAPは同じようにグローバルな大企業であり、自社での経験が豊富にあるので、その学びを生かせることを評価した。

この取り組みは4本柱から構成されている。

●People――各部門からものづくりの経験がある13人を選抜しコーチとして任命。SAPから派遣されたシニアコーチが設計した「Dキャンプ」「バイアビリティ・キャンプ」などのトレーニングを通じてスキルを身につけていった。ただし彼らは「デザイン思考という特別な活動をする特別な人」ではなく、「ダイムラーにステラという文化を定着させていく人」なので、彼らだけが浮いてしまわないよう配慮。その一環として、彼らの出身部門の社員１５００人にも基礎的なトレーニングを受けさせることで「土台」を築いていった。

●Ｐｒｏｃｅｓｓ――各事業部門にて、誰もが参加できるデザイン思考プロジェクトやワークショップを定常的に実施し、社員がデザイン思考に触れる機会を作っていった。13人のコーチは、ＳＡＰから派遣されたシニアコーチと一緒にファシリテーションを行い、経験を積んでいった。

●Ｐｌａｃｅ――「クリエイティブスペース」をシュトゥットガルトの本社の入り口付近に設置し、トレーニング、プロジェクト、広報に活用している。Ｆ１レースの際に使うガラス製の仮設ブース（コンテナ）を本社入り口付近の目立つ箇所に置き、注目を集めるとともに、多くの社員や来訪者も見て体感できるようにしている。

●コミュニケーション――この取り組みに「ステラ（星）」という名前をつけ、ロゴマークも作った。これは一種の社内ブランディングである。「デザイン思考」という汎用的な手法を導入するのではなく、それをダイムラー流にアレンジしたうえで、それを自社の文化、強みの一部として定着させていくという決意が込められている。

※Ｐｅｏｐｌｅ、Ｐｒｏｃｅｓｓ、Ｐｌａｃｅの「３つのＰ」については7章を参照。

ダイムラーのステラへの取り組みから感じられるのは、デザイン思考を「特別なもの、特別な機会にだけ使うものでなく、日常的に使う普通なもの」として消化していこうとする意志だ。まさに「ビジネス思考とデザイン思考の両利き」を目指しているのだろう。

デザイン思考を取り入れる「デザイン・アット・ビジネス」コンソーシアム

大企業におけるデザイン思考の活用にフォーカスした「デザイン・アット・ビジネス」(Design at Business) というコンソーシアムが2010年に組織され、現在では130社600人以上の実践者が参加している。スチールケース、3M、ボッシュ、サノフィ、ドイチェ・アセット・マネジメント、フォルクスワーゲン、シーメンス、ダイムラー、フィリップス、スイスコム、SAPなど多くの企業が、それぞれにデザイン思考を企業文化のために取り入れるという活動を行っている。

デザイン思考のトレーニングを実施したり、資料を共有したりするだけでは組織は変わらない。従業員ひとりひとりが変化を「自分ごと」として捉えるようマインドセットを変えるのは簡単ではない。どうすれば変化のうねりを企業内に起こすことができ、また継続できるのか。こうした課題を持つ各企業のメンバーが集まり、デザイン・アット・ビジネスは結成された。

彼らの関心事項は次の2点である。

①　イノベーションを推進したり、デザイン思考を企業組織に適用・展開したりする際のチェンジマネジメントのあり方を、実例を通して考えていく

②　手法としてのデザイン思考をそのままの形で活用するだけでなく、より良くビジネス上の課題発見・解決に貢献させるために発展させていくには、どのような可能性があるかを広く探求する

デザイン・アット・ビジネスに集うメンバーは、企業からの派遣ではなく、自らの意思で参加している。各企業で、デザイン思考やイノベーションマインドセット展開の牽引役として活動する中で、解けない課題に遭遇した実践者が、仲間を求めて集うのである。2010年からの8年にわたる歴史の中で、最古参級の海外企業でも、いまだデザイン思考の展開には苦労していることの裏返しでもある。メディアでは先行事例として取り上げられる企業群であっても、実践者の立場からはまだ課題が多いと見えているのだ。

デザイン思考の普及、展開、活用は、各社各様の道のりがあり、納得感や合意形成を得るポイントも、さまざまである。自社に適した道を見つけるために、同じ境遇の者たちで解決策を探り、それを自社で試行し、「そこからの学びをフィードバックして共有する」というサイクルがデザイン・アット・ビジネスでは、続けられている。

デザイン思考を「知る」段階、「経験する」段階を過ぎ、「定着する」「ビジネスにとってプラスの効果をもたらす」段階に早く到達したいと願う企業のために、デザイン・アット・ビジネスは促進剤

として存在し、活用されている。

事例　ライオン株式会社イノベーションラボ

いっぽう国内企業においても、デザイン思考を積極的に取り入れ、イノベーションを生む取り組みに着手した企業も出てきている。創業120年を超えるオーラルケア・ヘルスケアの老舗、ライオン株式会社である。

同社 研究開発本部 イノベーションラボ所長の宇野大介氏にお話を伺った。

――イノベーションラボはどのような組織ですか？

2018年、研究開発本部（以下R&D）内に設置されました。イノベーションといっても、単なる新製品の開発ではなく、新規事業の創出をミッションとしています。

――ライオンはなぜイノベーションラボを設立したのですか？

当社は創業以来、「健康、快適、清潔・衛生」を事業ドメインとして、日々の暮らしに役立つ優良な製品・サービスの提供につとめてきましたが、われわれを取り巻く環境は、想像を超えるスピードで大きく変化しており、さらなる成長のためには変革に向けたアクションが必要になっていました。

既存事業を単に継続していくだけでは、永続的発展はない、という危機感を私自身も抱いていました。

２０１８年度より当社は、新経営ビジョン「次世代ヘルスケアのリーディングカンパニーへ」を策定しました。時代が大きく変化していく中で、これからの生活者の幸せな暮らしのために、未来に向かって当社が実現したい姿として、生活者の「心と身体のヘルスケア」に貢献していく意思を示しています。

これまでの提供価値をさらに拡張・進化させて、生活者により新しい価値を提供していくために、イノベーションラボは、まさに、新規事業創出につながる技術・サービスの研究開発を推進していく部所として設立されました。

幅広い事業活動を通じて培ってきた技術を大切にしつつ、外部リソースも積極的に活用しながら、新たなソリューションやサービスを開発していくことで、生活者の「心と身体のヘルスケア」の実現に向け邁進しています。

――イノベーションラボの概要について伺えますか。

立ち上げにあたっては、ＳＡＰさんの「イノベーションを起こす3つのＰ」（7章を参照）をおおいに参考にさせていただいています。とても使いやすいフレームワークだと思います。

――なるほど、ではＰｅｏｐｌｅから伺います。

設立当初は、Ｒ＆Ｄ内の基礎研究、ハミガキ、洗剤などの幅広い分野から集まったメンバーでスタ

図表32 ● ライオン・イノベーションラボのポスター

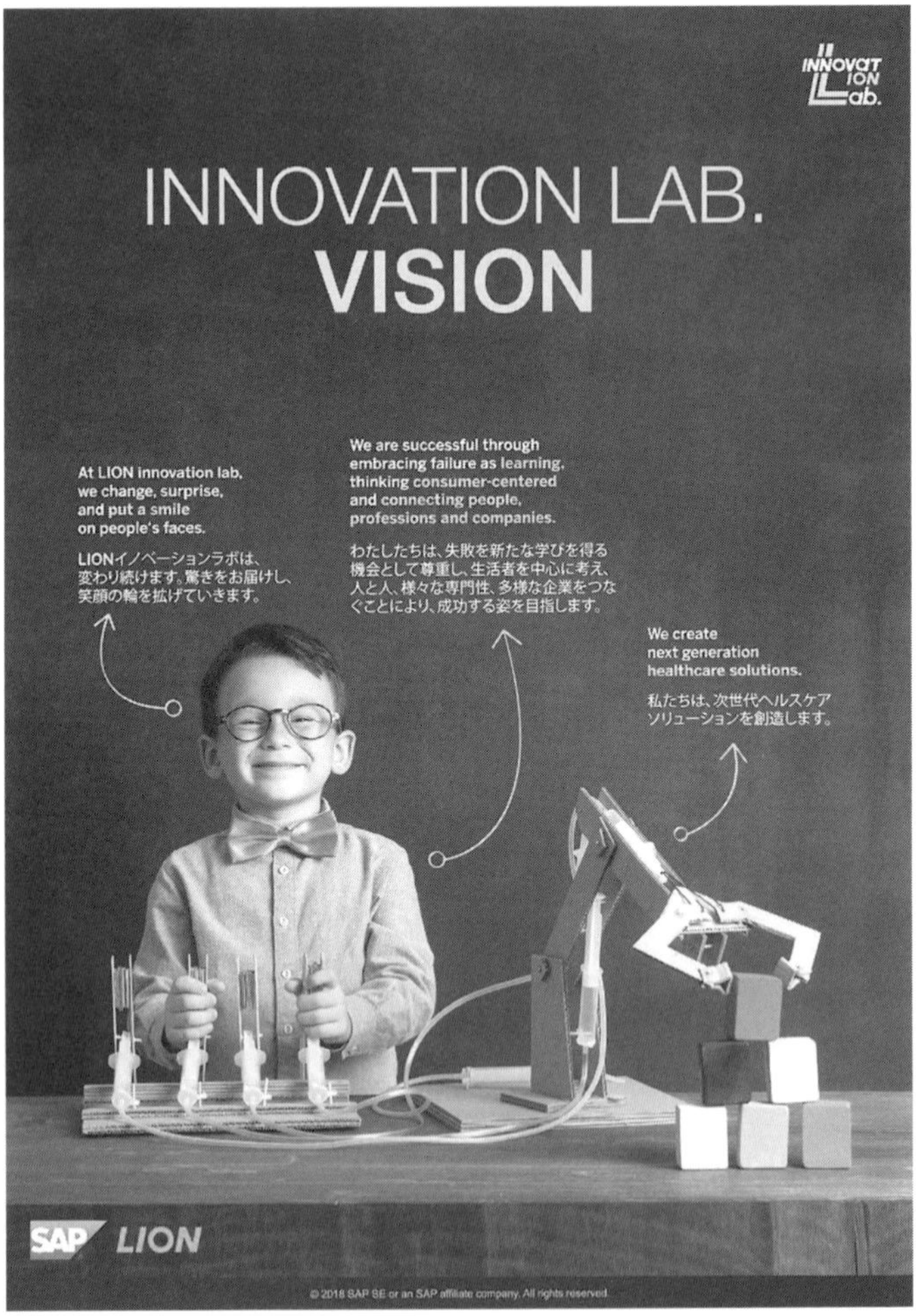

ートしました。その後はR&D外からの転入者、新入社員、中途入社等のメンバーも加わり、多様な人材が集まっています。平均年齢は30代前半で、チャレンジ精神旺盛で活気に満ちた集団です。

――ちなみに「デジタル」畑の方はいらっしゃいますか。

個人的にITに強くてAI活用を研究していた者はおりますが、デジタル領域においては外部との積極的な連携が必要であると考えています。

――では、Placeについてお聞かせください。

江戸川区平井にある研究所の敷地内の一部を改装してラボにしています。内装は、見学させていただいたスタンフォード大学dスクールやSAPさんのパロアルトラボをイメージしました。またメンバーの服装も、R&Dの一般的なユニフォームである白衣ではなく、デニムコートを着ています。

――Processのほうは?

まずはイノベーションラボは何を目指すのか? を考えるところから始めました。「次世代ヘルスケアのリーディングカンパニー」を目指すライオンにとって新しい事業を創出する、という重要な役割を担う部所として、まずは既存事業以外のことだけにフォーカスすることを研究員に徹底させています。

新規事業のタネをつくるにはアイデアの「数」が必要なので、視野を広く、頭を柔らかく、フットワークを軽くして、数を多く創出すること、を意識して行っています。

――どうやって視野を広げていますか？

一例ですが、メンバー全員が、各々の関心のある領域で面白そうなテーマのセミナーに積極的に参加しており、その中で得た人脈が広がりつつあります。従来のR＆Dの接点としては、学会、業界団体、材料メーカーさんなどが中心でしたが、今は他社で同じような（イノベーションをリードする）立場の方との接点が劇的に増えましたし、さまざまな分野で強みを持っている方と情報交換することも増えて、視野は加速度的に広がっています。情報は発信すればするほど新たなつながりが増える、ということも実感しています。色々な人と付き合いが広がりそこからビジネスが始まる可能性も感じます。

――ありがとうございました。最後に一言抱負をお願いします。

常に斬新なアイデアで事業を新規に創出することは大変ですが、やりがいもあり、当部の大切なミッションであります。ライオンを「親しみのある会社」から「先進的・革新的な会社」であると実感していただけるよう、組織一丸となって、さまざまな取り組みにチャレンジし、生活習慣にイノベーションを起こしていきたいですね。

7章

ケーススタディ：
大企業病を克服したSAP

日本企業の視察が殺到するSAPシリコンバレー

独SAPは、「IT産業のメッカ」とも言うべき米国カリフォルニア州のシリコンバレーに、新規事業の拠点を持っている。そこに今、日本企業からの視察が殺到しているのをご存じだろうか。

2017年の日本企業からの訪問者数は257組1625名。ほぼ1日1組、6名強が来訪していることになる。前年度の1354人と比べると20%増。その大半が東証1部上場企業およびその子会社、いわゆる「日本の大手企業」である。なお、全体の56%はSAPからの誘いではなく、自ら希望してSAPを訪れている（2018年度はさらに増加傾向にある）。

特徴的なのは、訪問者の中に大企業のリーダー層、つまり自社の変革を実践する立場にある人が多く含まれていることである。役員層が168名（11%）、このうち社長もしくはCEOが64名（6%）となっている。また訪問者のうちIT部門に所属する人は20%にすぎず、残りの80%は非IT系の人だという。つまり、SAPのITが必ずしも目当てではないということだ。

では、日本企業のリーダーたちはなぜ、こぞって「SAP詣で」をするのだろうか？

それは、SAPシリコンバレーには、日本企業の多くが抱える経営課題を解くカギが隠されているからだ。実は現在こそ、デジタル・イノベーションの担い手と目されているSAPも、10年ほど前にはいわゆる「大企業病」に冒され、「ビジネス思考」による「イノベーションのジレンマ」（6章を参照）に陥り、業績が伸び悩んでいた。しかし、「デザイン思考」をテコに不振から脱却し、再び成長軌道に戻ることができた。その復活劇の舞台となったのが、まさにSAPシリコンバレーだったのである。

「すごすぎない」こそが効果的

日本からシリコンバレーの視察に訪れる企業は、当然のように、アップル、グーグル、フェイスブックといった最先端のデジタル企業を訪問する。また最近では、いわゆるスタートアップ企業やベンチャーキャピタルなどへの訪問も増加している。しかし、日本企業はそれらの企業を訪問した後、必ずといってもいいほど、こんな感想を述べる。

「彼らの企業文化がすばらしいのはよくわかった。だが、そもそもスタート地点が我が社とは違いすぎて、何をどう取り入れたらよいのかわからない」

要するに、「すごすぎて参考にならない」というわけだ。

またシリコンバレー生まれの企業のほとんどは、**デジタルそのものが主力事業**だ。それに対して、日本の大企業は、まず主力の「既存事業」があり、その既存事業に「デジタルをどう掛け合わせるか」が主眼である点にも違いがある（2章の「十字フレームワーク」を参照）。いわゆるデジタル・ネイティブ企業をお手本にしにくいのは無理もない。

その点、SAPはというと、IT系ではあるものの、もともとドイツ発祥であり、シリコンバレー出身ではなく外部からやってきた、つまりシリコンバレーにおいては〝外資系〟であり〝外様《とざま》〟だ。加えて「ERP」というメインの既存事業があり、それが強すぎるがゆえに大企業病に陥っていたという点でも、多くの日本企業と共通するところがある。

日本企業とバックグラウンドがよく似たSAPが、シリコンバレーという〝異郷の地〟の流儀をどのように会得し、「どのように自己変革できたのか」というストーリーが、日本企業にとっては「すごすぎないお手本」として参考になる、というわけだ。

急成長からジレンマへ

ERPを発明し、業界最大手へ

SAPは1972年の創業。2018年には46周年を迎えた。IT業界では最古参企業のひとつであり、老舗といってもいいだろう。ドイツの南西部、フランクフルトから南へ1時間ほど離れたワルドルフという田舎町で創業し、現在もそこに本社を置く。

ＥＲＰ（Enterprise Resource Planning）と呼ばれる、企業の基幹情報システムを担うパッケージ・ソフトウェアを世界で初めて開発し、そのままＥＲＰ業界をリードしてきた。現在も業界最大手であり、「フォーブス２０００」（世界の大企業2千社）の92％を顧客としている。

ＳＡＰはドイツ人の５人のシステムエンジニアが共同で設立した。彼らはＩＢＭ製メインフレーム上で企業向け情報システムの構築に従事していたが、顧客固有の要望に合わせて作りこんでいるはずの基幹情報システムのプログラムが、実際には多くの部分で共通であることに気づき、この共通部分を抜き出した汎用プログラムを販売するビジネスを立ち上げた。

つまり３章で述べた、**「ソフトウェアは自社開発したら負け」**という原則にいち早く気づいて、自社開発しない（＝共同で利用する）パッケージソフトを提供し始めた、というわけだ。

会計、販売、生産、購買、在庫、顧客、設備、人事など、企業が抱えるヒト・モノ・カネ・情報のすべてを一括して管理することで、経営の部分最適を排除しつつ、「企業の今の姿」をリアルタイムに把握することに成功したＥＲＰは、その後30年近くにわたって順調に成長していった。

全体最適からブレイクダウンする「ワンファクト・ワンプレース・リアルタイム」

ＩＴの黎明《れいめい》期、多くの企業では（とくに日本企業では現在に至るまで）、業務情報システムは部門ごとに開発されてきた。販売システム、生産システム、人事システム、会計システム……といった具合だ。当時のＩＴ導入は、現場の業務改善の一環として始まったので、部門単位で行われるのは自然な流れだ。

しかしシステムが部門ごとに分かれ、部門の現行業務に合わせて作られていると、データの持ち方や粒度集計の切り口、更新頻度などすべてが部門ごとに最適化されてしまい、結果として**システムの数だけ「ファクト（真実）」ができてしまう**ことが避けられない。

たとえば「製品αの今月の販売個数」を例にとる。工場が使っている生産管理システムは製造ロット単位で見るので「今月は７０００個出荷した」と認識しているが、倉庫が使っている在庫管理システムは「いや、入庫したのは６５００個だ」といい、営業の販売管理システムは「お客様に今月は９１８０個売れた」というかもしれない。どれも、各部門の視点から見れば真実である。だが経営者としては、どの数字に基づいて経営判断を行えばよいのか？

いっぽう「ＳＡＰ　ＥＲＰ」は、まず経営の全体最適を考え、そこからブレイクダウンして部門ごとのシステムを作るという考え方で設計されていた。ＳＡＰはこれを**「ワンファクト・ワンプレース・**

リアルタイム」という言葉で表現している。つまりシステムをひとつに集約し、すべてのトランザクション（出荷、入庫、受注、……）をリアルタイムに投入すれば、自ずとファクトはひとつに定まる。

このコンセプトは経営者から強く支持された。企業が成長するにつれ、ファクトが部門システム内に閉じてしまうと、経営陣には現場が見えなくなっていく。だが「すべての企業活動を情報システム内に忠実に再現することで、すべての企業リソースの現状をリアルタイムに把握し管理する」というERPがあれば、**経営陣は企業活動のすみずみに至るまでを把握し、真実に基づいて経営判断を下すことができる。**

SAPのERPが成功した要因のひとつは、「多言語・多通貨・多制度」を最初から前提としてデザインされていた製品だったことだ。米国や日本と違って欧州各国のそれぞれのマーケットは小さく、陸続きであることもあって、欧州企業の活動は早くから多国籍化していた。たとえばドイツの製造業が隣国フランスから部品を調達する場合、仏フラン建ての値段が一定でも、独マルク建ての原価は為替変動によって毎回変わることになる。また法制度や税率なども欧州では国ごとに少しずつ違いがあり、システムを自社開発しているとそのすべてに自社で対応しなければならない。

こうした複雑な処理に対応できるシステムへのニーズは欧州企業ではとくに高かった。IT業界大手の大半が米国企業である中、ERPだけがドイツ企業であるSAPがリーダーとなったのにはこうした背景があった。その後日米企業も、その活動が多国籍化するにつれ同様のニーズが高まり、1997年にはSAPでも米国地区の売上高が欧州地区を抜いてトップに立っている。

創業から16年後の1988年、SAPはフランクフルト証券取引所に上場。その時点での売上高は約120億円、従業員は930人と、まだ中堅企業であった（その後、1998年にはニューヨーク証券取引所にも上場）。

しかし上場後の十数年間の伸びは目覚ましく、2001年度には売上高73億ユーロ（当時の換算レートで約8600億円）に達し、**上場以来の年平均成長率は42%**を記録。従業員は2万8000人を超えていた。

大成功に忍び寄る影

絶好調と言ってもよいSAPだったが、01～03年にかけ、SAPの社内外に暗い影が忍び寄っていた。

1つめの影は、ERP市場の飽和である。ERPは基本的に「1社に1つ」なので、大手企業への導入が一巡すると新規採用の余地は限られる。実際、01年度、02年度と2年続けて増収ながら減益となり、03年度にはマイナス5%とついに創業以来初の減収となった。以後も02～09年は平均年5%の

図表33 ● SAPの業績（1988〜2017）

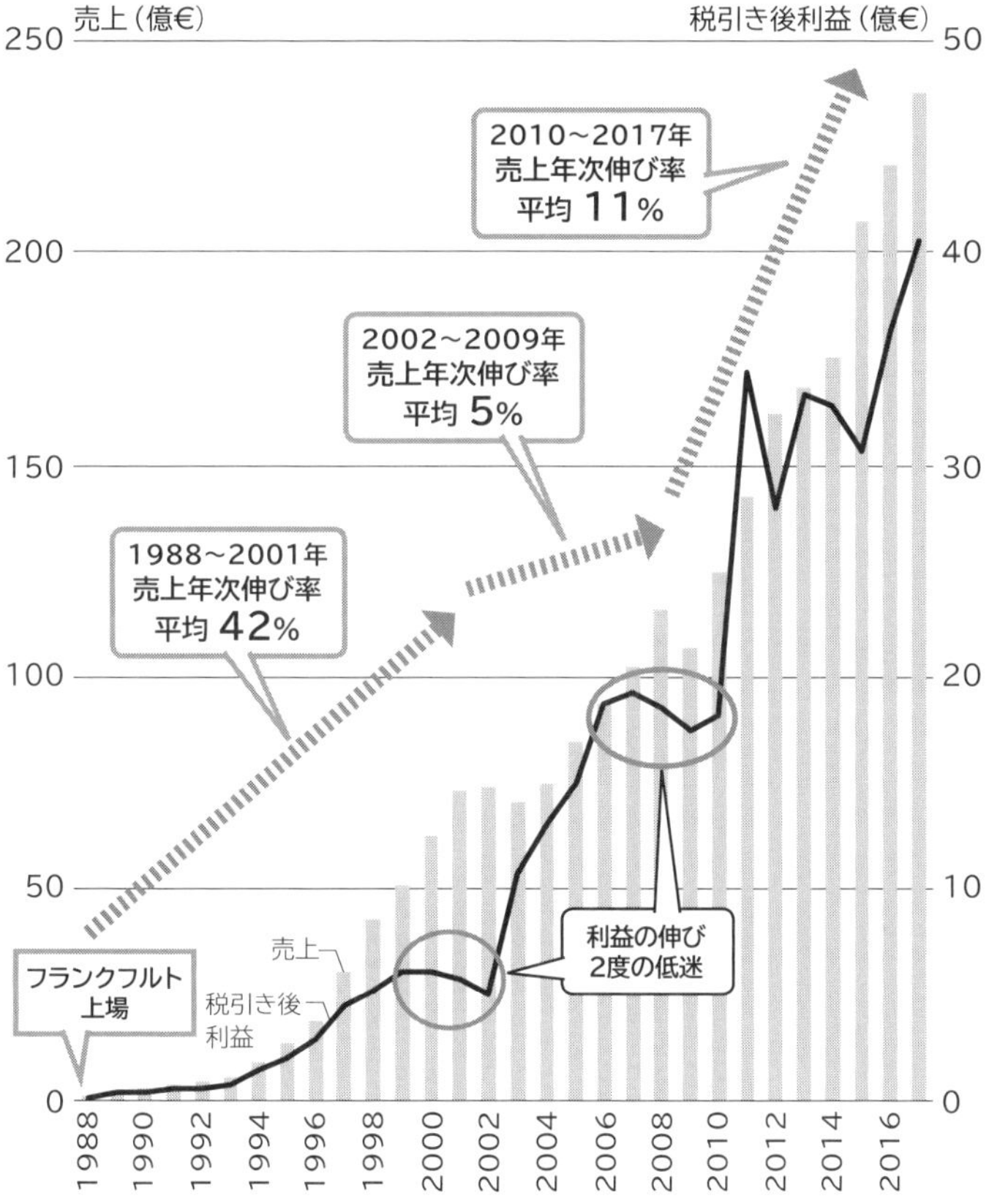

成長率にとどまった。

しかし上場以降の13年間で社員数が30倍、売上高は70倍という急成長を遂げ、ＥＲＰ市場の王者となっていたＳＡＰ社内に、まだ危機感は薄かった。われわれは「良いモノ」を作っている、もっと良いモノを作ればまだまだ売れるに違いない、といった空気が社内を支配していたのも無理はない。

２つめの影は「クラウド・コンピューティング」である。サーバーを「クラウド」と呼ばれる「インターネットの向こうのどこかのデータセンター」に設置し、そこに回線をつないで利用するという形態は、今でこそ当たり前になっているが、２０００年代前半にはまだまだ企業ユースに耐えうるシロモノとは見られていなかった。

なんといっても、当時はクラウドとユーザーをつなぐインターネット回線の通信速度が極めて遅かったので、ワンクリックごとに画面が表示されるまでの応答時間が長すぎ、事実上使い物にならなかった。応答時間を少しでも短くするために、ユーザーのオフィスまでの物理的距離が近い、オフィスの近くにサーバーを設置するのが一般的だった。

またＥＲＰの場合、企業のすべての情報を司るシステムだけに、企業のＩＴ部門が自ら管理するサーバー上で稼働する、いわゆる「オンプレミス」での運用が支配的であった。「クラウドの向こう側」の技術レベルが保証されない以上、企業のＩＴ責任者としては何かあったときの責任が取れない。「どこの誰ともわからない相手に、ウチのシステムを預けるなんてとんでもない」というのが当時の圧倒的なコンセンサスであっただろう。

実際、07年くらいまでは、クラウド上のアプリケーションを本格的に使っている企業はほとんどなかった。

「インメモリー・コンピューティング」は理想実現の切り札

そして3つめの問題が、HDDボトルネックである。このころ、ERPの理想である「ワンファクト・ワンプレース・リアルタイム」は、危機に瀕していた。

企業の取引すべてを明細レベルで記録するERPの処理量は、企業の成長に伴って必然的に巨大化していく。その結果、たとえ最高性能のハードウェアを利用しても、ユーザーは「SAP　ERPは処理速度が遅い」という不満を抱くことになる。これをカバーするため、やむなくインスタンスを分割するなど、「ワンプレース」に逆行するような回避策が広まりつつあった。

だが、**真のボトルネックは、ハードディスク（HDD、磁気記録装置）に格納された「遅いデータ」だった。**

当時も現在も、また企業向け大型サーバーから個人向けPCに至るまで、ほぼすべてのコンピューターはHDDにデータを格納している。データは必要に応じてHDDからメモリーに読み出され、それをCPUが処理する、という3層構造だ。

CPUやメモリーは、「ムーアの法則」とともに、処理速度が上がり続けている。しかし物理的な回転体であるハードディスクは、その回転数を一定以上に上げることはできない。結果、**HDDの読み書き速度が、システム全体の処理速度の足を引っ張る存在になりつつあった**のだ。

いっぽうメモリーは、データの読み出し速度がHDDの10万倍前後あり、5〜6ケタも速い処理が可能となる。したがって、すべてのデータをメモリー上に常駐させておき直接処理を行う「インメモリー・コンピューティング」は、実現すれば、HDDによるボトルネックを一気に解消し、ふたたび「ワンファクト・ワンプレース・リアルタイム」の理想を実現する切り札となりうる、画期的な技術シーズであった（図表34）。

SAPの創業者5人のうちのひとりで、03年に共同CEO職を退き、会長に就任していたハッソ・プラットナーは、このインメモリー・データベース分野への進出を提案する。

新規事業への抵抗

しかし、SAP社内の既存事業部門はこぞってこのアイデアに反対した。

図表34 ● インメモリー・データベースの構造

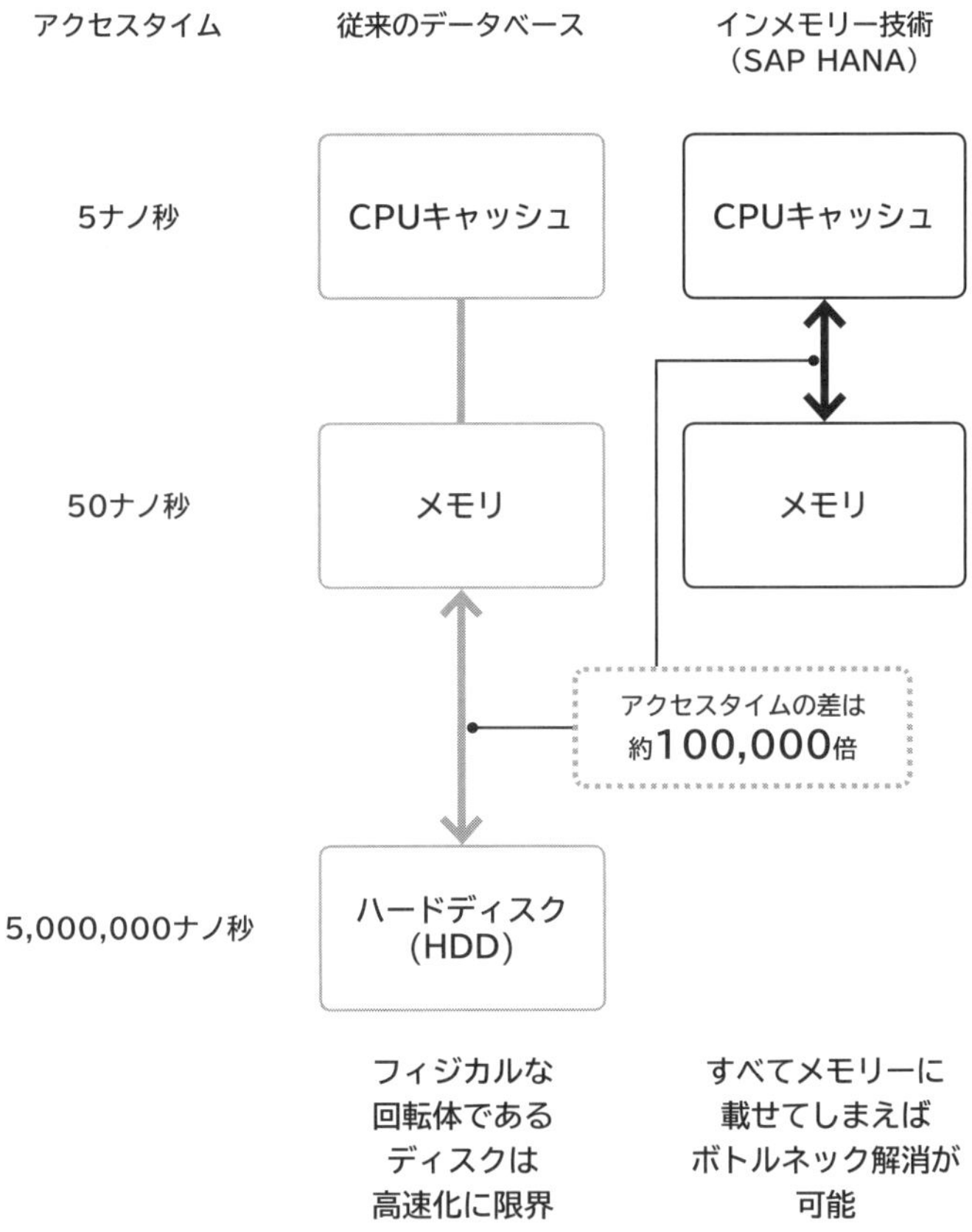

「メモリーは揮発性（電源が切れるとデータが消えてしまう）だ。インメモリー処理でデータの永続性を保証できるのか？　もし停電が起きて、ＥＲＰ上の重要なデータが消えてしまったらどうするのか」

「現在のデータベース・ベンダー（オラクル、マイクロソフト、ＩＢＭなど）はすべてＳＡＰの重要なパートナーである。彼らを敵に回すことになる」

「当社にはビジネスアプリケーションを開発する能力はあるが、データベース開発の経験や技能はない」

結局のところ、ＳＡＰも「イノベーションのジレンマ」そのものに陥ったのだった。既存事業にとっては、「ビジネス思考」で合理的に考えれば考えるほど、インメモリーは「反対するのが正解」だったわけである。創業者兼会長だったプラットナーですら、それを乗り越えることはできなかった。後述するように、インメモリー・データベースは後日、別の形で実現し、ＳＡＰの大躍進を支える「ＳＡＰ　ＨＡＮＡ」となるのだが、この時点では日の目を見ることはなかった。

「3つのP」でイノベーションを実現

3つの危機が忍び寄る中、自分自身が創業し育て上げた企業に「ノー」を突きつけられたハッソ・プラットナーはしかし、諦めずに、次の作戦に打って出た。

イノベーションのジレンマを見事に克服したこの2003年以降の歩みを、SAPでは**「イノベーションを実現する3つのP」**として整理している。

- Place（場所）――城下町から離れる
- People（人）――異邦人と交わる
- Process（プロセス）――共通言語をもち、フレームワーク化する

実のところこの「3つのP」こそが、日本企業からの訪問者がもっとも強い印象を受け、日本に持ち帰りたいと語る部分だという。順に見ていこう。

Place――城下町から離れる

まずプラットナーが行ったのは、**企業城下町つまり本社のあるドイツ・ワルドルフから「離れる」**

図表35 ● Place：
新規事業は、“城下町”から切り離して“出島”に置き、
トップ直轄で育ててから戻す

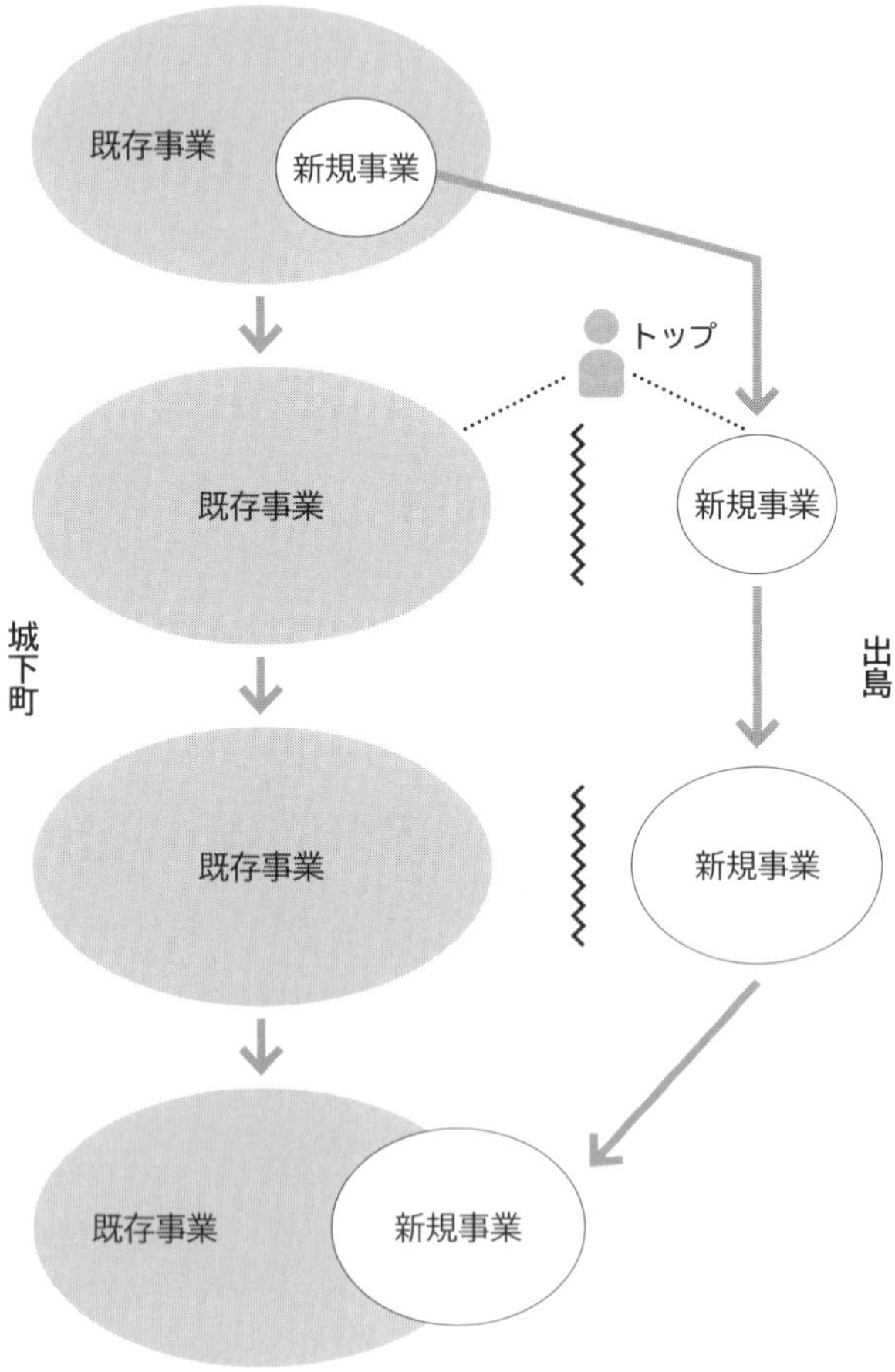

ことである。人材、その他の経営リソース、KPI（主要業績指標）など、すべてが既存事業に最適化されてしまっている環境の中では、リスクにしか見えない新規事業が立ち上がるはずがない、とプラットナーは考えたのだ。

6章の「イノベーションのジレンマ」の話を思い出していただきたい。既存事業はなにも、新規事業が嫌いだから邪魔をするのではない。既存事業を成功させる、という至上目標があり、そこから派生したKPIで動いている限り、新規事業への投資とは相容れないのは当然である。

日本では新規事業の検討にあたり、「既存事業とのシナジーがあること」が優先事項の筆頭に挙がることが少なくない。だが新規事業が「事業」として独り立ちする前からシナジーを追い求めると、上述のとおり、既存事業に「合理的に」邪魔をされることになりかねない。むしろいったんは、完全に切り離したほうがいい。

これを**「出島《でじま》戦略」**と呼んでもいいだろう。江戸時代の鎖国政策下、国外に唯一開かれた窓口として、長崎の「出島」があった。日本の近代化には、この出島で行われた異国文化との交流が大きく寄与している。やはり、既存事業の既得権益から離れた場所でしかイノベーションの芽は育たないということだ。

とはいえ、もちろん、**ただ出島に放り出すだけで新規事業が立ち上がるはずはない**。同時にCEOや上級役員の直属とし、そのスポンサー（支援者）となって、社内外からの圧力を取り除いてやらなければならない。

プラットナーは当時すでにCEOを退いてはいたが、創業者兼会長として引き続き強い影響力は保っていた。彼はSAPシリコンバレーを新規事業開発の拠点と定め、自身も当地に籍を移して、引き続きインメモリー・データベースの開発に注力したのである。

People——異邦人と交わる

既存事業から離れた場所で新規事業を開始するのと同時に、重要なのが**新規事業に外部の血を入れる**ことだ。いくら出島に出てきても、メンバー全員が既存事業育ちでは、もとの行動様式を出島に持ち込むだけになりかねない。

その点、シリコンバレーは、ソフトウェア開発者を集めるには最適の地だ。その名のとおり、シリコンつまり半導体とコンピューターの歴史が始まって以来ずっとIT業界の世界の中心であり、インド・中国をはじめ海外からも常に優秀な頭脳が流入してくる。

その中でもインメモリー・データベース開発の主軸となったのは、インド出身のビシャル・シッカである。スタンフォード大学でコンピューター・サイエンスの博士号を取得したあと、立て続けに2社を起業して成功させていた英才シッカは、2002年にSAPに入社。以後、プラットナーとシッカは二人三脚で開発を進めていった。

またSAPシリコンバレーは、社員のマネジメントスタイルについても、ドイツ流でなく現地流を取り入れた。実はSAPは90年代からシリコンバレーに進出してはいたが、当初は**本社流のマネジメントをそのまま持ち込んだため、採用したエンジニアが定着しなかった**、という苦い経験がある。ERPの開発は、すでに骨格の出来上がった巨大なソフトウェア群に対し、互換性・継続性を崩さないことを大前提としつつ、計画的に改善・改良を加えていくという、いわば「団体戦」であり、ドイツ人エンジニアはそうした緻密なプロジェクト管理にはとくに長けていた。しかしそれはシリコンバレーでは通用しなかったのだ。

プラットナーが同じ轍を踏むことはなかった。**本社とは指揮系統、人事の評価制度、組織体系も切り離し、徹底的に現地流を貫いた**おかげで、SAPシリコンバレーは順調に拡大。現在では社員数4000人と、シリコンバレーにおける雇用主としては13番目、シリコンバレーに本社を置いていない「外資系」としては最大の規模となっている。

その後シッカは07年、SAPのCTO（最高技術責任者）に任命され、新規事業だけでなくERPを含む既存事業全体に対して、技術面をリードする立場に。さらに10年にはSAPグローバルの取締役会メンバーとなった。

Process——共通言語、フレームワークを持つ

3つめのPは、個人や組織が最短距離を同じ目的で進むための共通言語、すなわち思考のフレームワークである「デザイン思考」だ。

6章で紹介したように、プラットナーは04年、スタンフォード大学「dスクール」を創設し、デザイン思考の研究をスポンサーしていたが、並行してSAP社内にもデザイン思考を少しずつ取り入れていった。

まず05年、SAPはデザイン思考のスペシャリスト35人を採用し、その一部をSAPの経営戦略を立案する組織に投入。他の大企業と同様、それまでビジネス思考だけに基づいて作られていた経営戦略をデザイン思考で補完させ、**「両利き経営」**へと舵を切らせた。また、残りのメンバーで「デザインサービスチーム」を立ち上げ、デザイン思考の社内への導入およびSAP製品の顧客満足度の向上を担当させた。

07年からは**製品開発の標準プロセス**にもデザイン思考を導入。その結果として誕生した新製品の筆頭が、10年発売の**インメモリー・データベース「SAP　HANA」**である。顧客の真のニーズを開発の主軸に据えるというデザイン思考が、ヒット商品を生み出すエンジンになったことは想像に難くない。この新規事業ＳＡＰ　ＨＡＮＡは、現在では年間売上高が８０００億円を超え、すべてのＳＡＰ製品を超高速で動かす、まさにＳＡＰの経営の屋台骨となっている。

その効果を実感したＳＡＰは、**12年には営業やバックオフィス部門も含めた全社員に対象を広げ、「デザイン思考の全社標準化」に踏み切った。**９万人の社員全員を「両利き」にしていく、という意思決定を行ったのである。

これにはＳＡＰの社内事情だけでなく、ＩＴ業界、さらにはビジネス界全体の状況も関係している。従来のＳＡＰ　ＥＲＰはいわば「３・０」つまり顧客企業の既存事業をさらにタテに伸ばすためのツールだったのに対し、このころから「４・０」つまり既存事業にデジタル軸をかけ合わせて新規事業の芽を育てていく、という動きがあらゆる業界で起こり始めていた。ＥＲＰはある意味、それ自体が「最適解」であったのに対し、新規事業には「正解」は存在しない。**したがってSAPも、顧客企業を巻き込み、顧客企業と一緒になって新規事業を考えていく、つまりイノベーションを起こし続ける「両利き」スキルを身につける必要があった**わけだ。

今日のＳＡＰは、９万人を超える全社員が日常的にデザイン思考を駆使する、世界でも屈指のデザイン思考実践企業となっている。顧客への提案のみならず、製品開発から、社員の働き方の検討に至るまで、つまり営業・技術・バックオフィスの部門を問わず、デザイン思考はごく普通の日常となっている。

そしてイノベーションの定着化に向けた第二の変革へ

クラウドへの対応

ここまで、おもにSAPの研究開発部門、とくにインメモリー・データベース「SAP HANA」の開発における「3つのP」の実践について見てきたが、もうひとつの課題であった「クラウド・コンピューティングへの対応」についても、SAPは同じコンセプトで臨んだ。

07年くらいまで、企業向けITにおいては「おもちゃ」程度の扱いだったクラウドだが、その後10年でまさに爆発的な成長をとげ、今ではむしろ主流に躍り出ているのは、あなたも報道等でご存じだろう。

このクラウドの波に完全に乗り遅れてしまった当時のSAPは、それを自社開発だけで乗り切ることはできず、企業買収によって補強せざるをえなかった。人事管理・タレントマネジメントの**サクセ**

スファクターズ（SuccessFactors、11年）、購買管理とB2B購買ネットワークの**アリバ**（Ariba、12年）、Eコマースと顧客エクスペリエンスの**ハイブリス**（hybris、13年）、外部人材調達とシェアリングの**フィールドグラス**（Fieldglass、14年）、旅費・経費管理の**コンカー**（Concur、14年）などの大型買収を次々と実施。買収に要した金額はこの5社だけでも合計2兆円を超えた。

しかしSAPはこれらの企業を、ただ買っただけではなかった。買収先企業の製品や顧客を取り込むのみならず、**その人材や企業風土をできるだけ維持し、むしろそちらに合わせることによって、自らの企業カルチャーを変革する手段にしようとした**のである。

5社はいずれも、SAPの既存事業とかぶる部分がないわけではなかったが、その統合においてはむしろ買収先のクラウド製品を主軸とし、既存事業をそちらに寄せるアプローチを取った。PeopleおよびPlaceについては、

●買収先企業の本社を統合後の事業本部とし、経営陣や社員もできる限り維持して、統合後の事業全体を担当させた。また買収先の経営トップをSAP本体の役員会に迎え入れ、クラウド事業全体を指揮させた

●統合後も場所が変わらず、カルチャーが維持され、またむしろ主軸となったことで、買収先企業の社員のモチベーションを高め、人材流出を抑えることができた

図表36 ● SAP自身のトランスフォーメーションの結果
7年間でほぼすべての指標が2倍強に

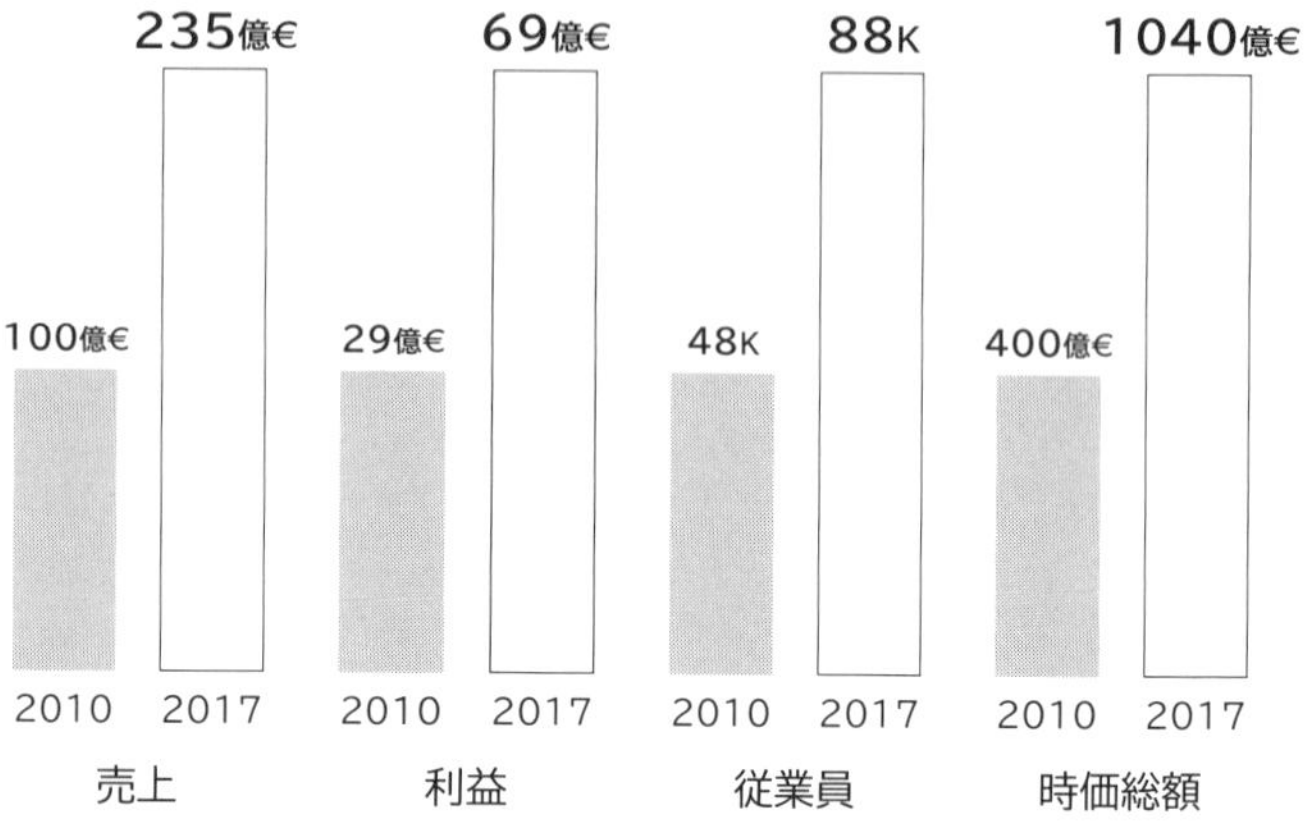

図表37 ● SAPの事業構造の多角化

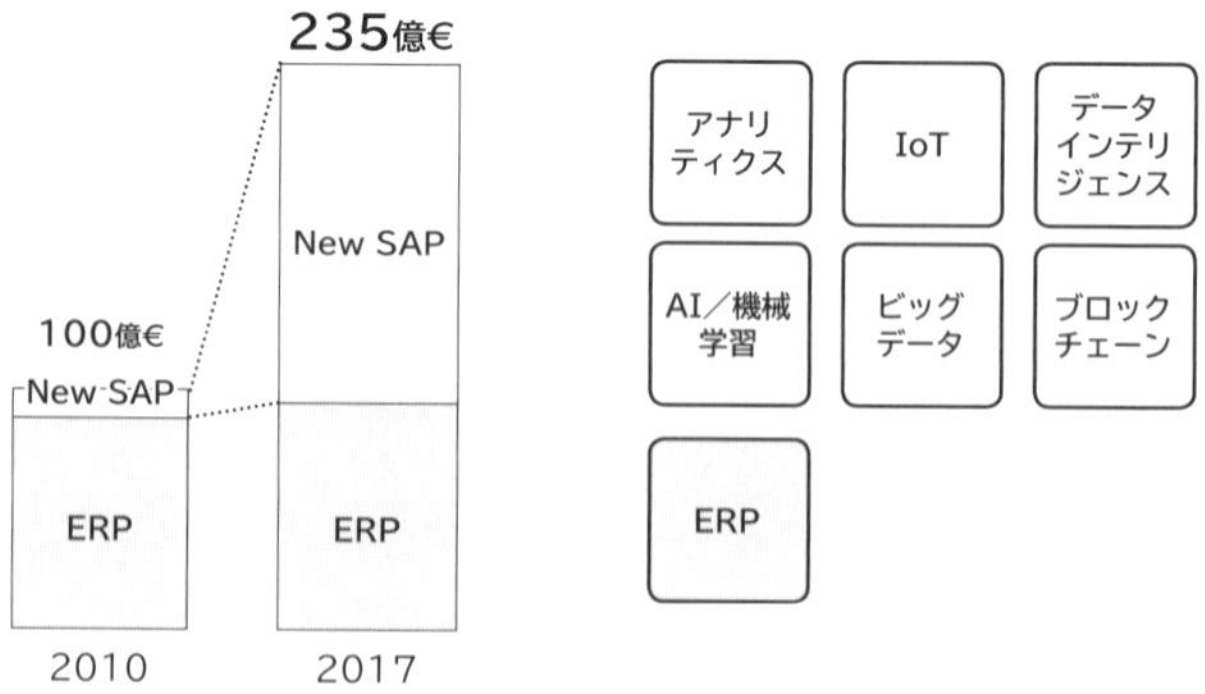

“ERP一本足” から多角化、非ERPの売上が約6割を占める

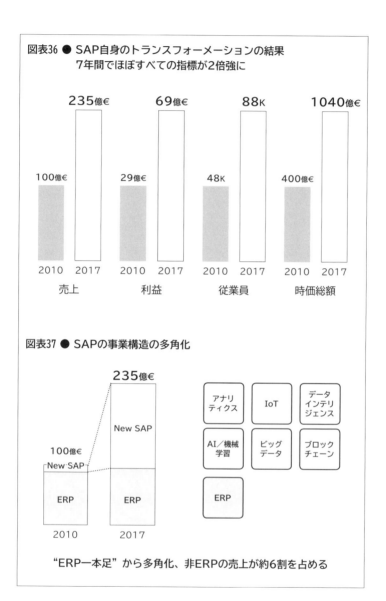

もちろん実際には、まったく異なる2つのカルチャーがぶつかる面もあったが、そこで力を発揮したのがデザイン思考である。どちらの製品を残すか、といった議論の際にも、あくまでお客様であるエンドユーザーの視点に立ち、「ユーザーが嬉しいのはどちらか」の視点に立って考えていけば、自ずと議論は収斂していく。デザイン思考はＰＭＩ（買収後の統合）のＰｒｏｃｅｓｓとしても非常に有効だった。

図表33のグラフに見るとおり、09年はリーマンショックにより減収・減益に沈んだSAPだったが、翌10年からは再び成長軌道に。そしてその後の7年間では、買収の効果もあり、売上、利益、時価総額などほぼすべての指標が2倍~2・5倍に成長している（図表36）。

２０１７年末決算ではＳＡＰの売上は２３７億ユーロ（約３・１兆円）を記録。時価総額は15兆円を突破し、ドイツ企業では最大、東証１部上場企業と比較してもトヨタ自動車に次ぐ第2位に相当する。18年にはＧＥやＩＢＭの時価総額をも上回った（18年8月現在）。

10年当時は既存事業（ＥＲＰ）が9割以上を占め、「ＥＲＰ一本足」といって差し支えない事業構造だった。ＥＲＰ事業はその後も毎年成長を続けてはいるが、いっぽうで新規事業（ＳＡＰ　ＨＡＮＡ、クラウド、プラットフォーム等）が急伸し、17年には全体の過半を占めるまでになった（図表37）。

創業40年超のドイツの大企業が、一度はイノベーションのジレンマに見事にはまりつつ、それを克服して事業規模を倍増させたというこのＳＡＰのストーリーは、多くの日本企業にとってもヒントになる部分が多くある。だからこそ彼らは、今日も、ＳＡＰシリコンバレーにやってくるのである。

8章

企業システム構築の新常識

ソフトウェアは「作る」から「使う」へ

本書で繰り返し述べてきたように、21世紀の経営において、デジタルの力を活用しないという選択肢はない。

最近よく聞く「生産性革命」や「働き方改革」。威勢のいいタイトルが躍っているが、ではそれを実現せしめる（生産性に革命的な向上をもたらす）裏付けはあるのだろうか。「デジタル活用で」との触れ込みではあるが、**単なる「IT導入」なら30年以上前からやってきている。それらとは何が違うのか？** と、あなたは思ったことはないだろうか。

前章まででで見たように、欧米や新興国の企業が「電子を走らせ」、経営全体のスピード化・効率化・見える化・リアルタイム化などのメリットを享受している中、日本企業や日本社会は90年代以前から続くやり方がそのまま残り、「ヒトが走って」いる。少子高齢化が進み労働人口が減る中、これでは人手不足が起きるのは当然だ。

率直に言って、企業システムについての日本企業の常識は、「世界の非常識」となってしまっている。

今やビジネスを支える主力兵器ともいうべきＩＴが他社よりも劣っていれば、それが企業経営のアキレス腱となることは言うまでもない。日本企業は、「ガラパゴス状態」の企業システムから卒業し、デジタル・イノベーションを取り入れていかない限り、国際競争力をますます失っていくだろう。

本章では、「日本企業と海外企業の情報システムはどう違うのか?」「なぜ違いが生じているのか?」「では日本企業はこれから企業システムをどう見直せばよいのか?」といった点について、考察していく。

オーダーメードと汎用品の根源的な違い

世の中に出回っている「企業向けソフトウェア」には、実は2種類ある。どちらもソフトウェアエンジニア(プログラマー)が作った成果物という点では同じだが、そのコスト構造は根源的に異なる。

① 一度作ったものを、1社にのみ販売するため、コスト全額をその1社から回収するしかない「スクラッチ開発」(オーダーメード)

② 一度作ったものを、多くの企業に販売することでコストを少しずつ回収することができる「パッケージソフト」(汎用品)

利益構造としては①のほうが苦しいのはすぐにおわかりだろう。あるひとつのソフトウェア・プログラムをオーダーメードするのに、1人のプログラマーが1カ月かかり、その人月単価が仮に80万円だったとしたら、**80万円全額をその顧客から回収しなければならない**。もし90万円請求できても利益率はやっと10％だ。

ところが②の場合は、事情がまったく異なる。同じものを10社、100社、1000社に売ることを前提とすれば、①に比べれば遥かに多くの人員をかけて作っても、十分な利益が出せるのである。仮に上記①と同じ機能を実装するのにプログラマー10人月を投入し、テストを繰り返しながら丁寧に作って800万円かかったとしても、それを1000社に売れるのなら、**1社から回収しなくてはならないコストはわずか8000円**。ということは、もしこの機能を①と同じ90万円で売ったら、利益率は99％超。仮に1ケタ安く、9万円で売ったとしても、利益率は91％あることになる。

ここが**ソフトウエアのコスト構造の特殊なところだ**。仮に10倍の人員を投入し、手厚く、丁寧に作っても、パッケージ（汎用品）であればケタ違いに安く提供することができるのだ。もちろん、1社だけのニーズでなく、多数の企業のニーズに汎用的に対応できるように作る（汎用性を持たせる）のは容易とは言えず、そのためにより工数とコストは嵩むが、スクラッチ開発とは比べようもない。

一般的には、「オーダーメード＝高価格だが高品質」「汎用品＝低価格だが並の品質」というイメージがある。フィジカル世界ではほぼ間違いなくそうだ。ところがソフトウェア業界だけは事情が異なる。繰り返し述べているように、「1つめを作ったら、2個め以降の製造原価はない」というコスト

図表31 ● ソフトウェアでは
「オーダーメード」より「汎用品」のほうが高品質

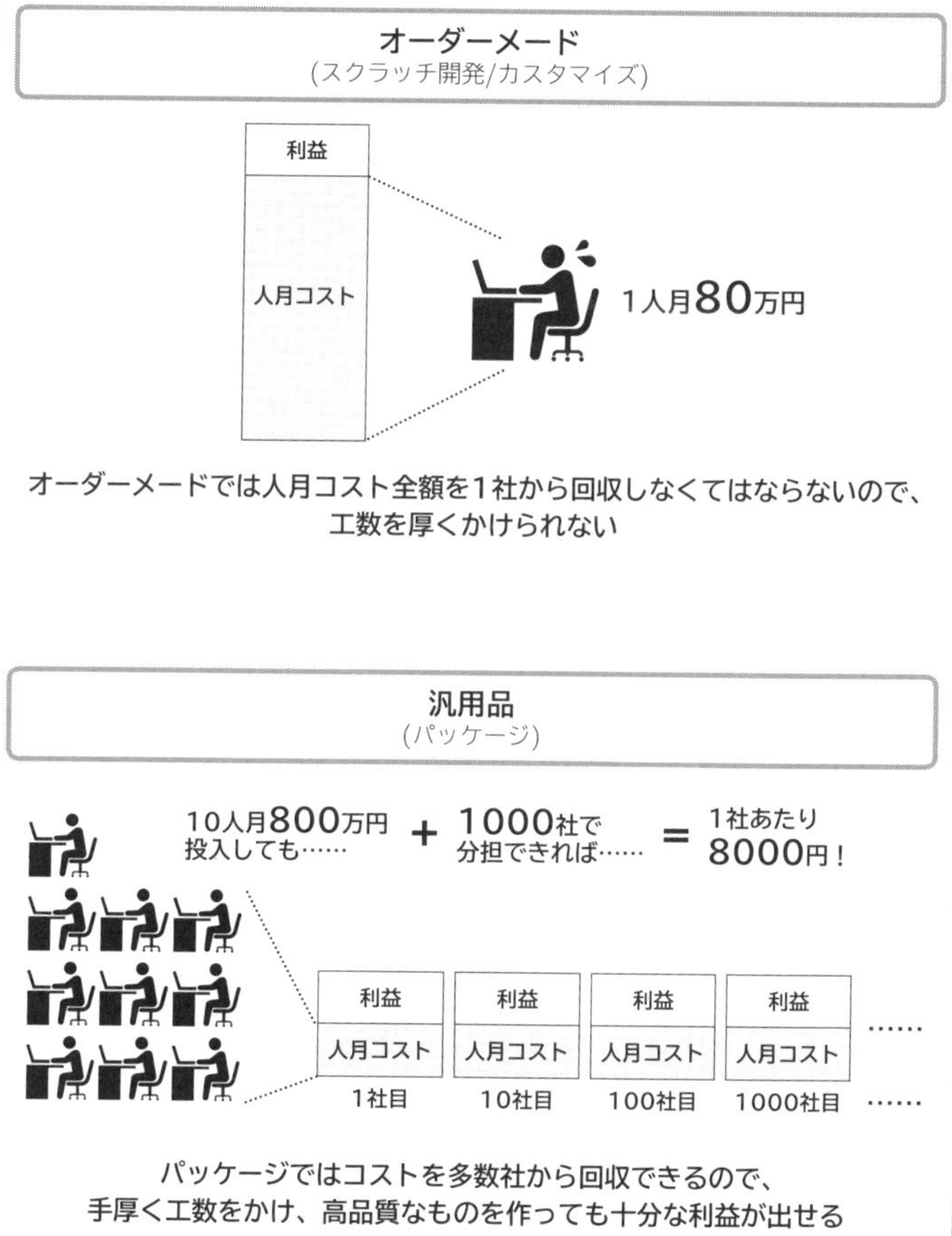
オーダーメード
(スクラッチ開発/カスタマイズ)
利益
人月コスト
1人月80万円
オーダーメードでは人月コスト全額を1社から回収しなくてはならないので、
工数を厚くかけられない
汎用品
(パッケージ)
10人月800万円
投入しても……
+
1000社で
分担できれば……
=
1社あたり
8000円！
利益
人月コスト
1社目
10社目
100社目
1000社目
……
パッケージではコストを多数社から回収できるので、
手厚く工数をかけ、高品質なものを作っても十分な利益が出せる

構造があるためだ。**汎用パッケージのほうが、はるかに高密度に手間をかけて高品質に作ることができ、しかも圧倒的に割安になるのである。**

この点は、もしあなたがフィジカルな業界にいるとすると、なかなか合点がいきにくいかもしれない。たとえてみれば「オーダーメードの注文住宅が1億円するのに対し、10億円のコストをかけて作った超高品質な建売住宅が100万円で買えます」（!?）といった話なので、すぐにはピンとこないのも無理もない。

だが、デジタル世界では、これが常識なのだ。ということは、これからデジタル時代に立ち向かうあなたは、**デジタル世界のコスト構造を理解しなくてはならない。**フィジカル世界とデジタル世界、両方の感覚を持たなければ、「いいとこ取り」はできないのだから。

世界から取り残されている日本企業のIT

実際、世界のソフトウェア業界は、この特性を最大限に活用して発達してきた。パッケージと呼ばれる汎用ソフト、要は「一度作ったものを多くの企業に売ることでコストを回収する」という事業モデルが世界の主流を占めている。

図表39 ● 国内主要ITサービス企業の営業利益率

企業名（＊は当該セグメントのみ）	営業利益率	売上高（億円）
オービック	**48.4%**	668
野村総合研究所	13.8%	4,714
SCSK	10.3%	3,367
日本IBM	9.6%	8,953
日立製作所（＊情報・通信システムのみ）	9.4%	20,089
新日鉄住金ソリューションズ	9.3%	2,442
TIS	8.1%	4,056
伊藤忠テクノソリューションズ	7.6%	4,296
NTTデータ	7.4%	20,211
NEC（＊パブリック＋エンタープライズのみ）	6.6%	13,418
電通国際情報サービス	6.6%	834
富士通（＊テクノロジーソリューションのみ）	6.2%	30,527
日本ユニシス	5.7%	2,870
富士ソフト	5.4%	1,808

出典：SAP調べ、原則として2018年3月末決算に基づく

図表39は、国内の主要なITサービス企業の営業利益率だ。

一見して気づくのは、首位のオービックと、２位以下のすべてのベンダーとの、利益率の格差である。オービックはなんと48％台。２位の野村総合研究所は13％台で、以下がそれに続く（ちなみにこの傾向はここ数年ほぼ変わっていない）。

この差はどこから来るのか？　もちろん、パッケージ（コストを複数社から回収できる）を主軸とする企業と、オーダーメード（コストを注文主１社からしか回収できない）を主軸とする企業の違いである。

ところが日本企業の多くは、いまだに社内で使う業務用システムの大半を自社の条件に合わせてベンダーにスクラッチ開発（オーダーメードで作成）させるか、もしくはパッケージソフトをベースに大幅にカスタマイズさせている。パッケージソフトをそのまま使うのに比べると格段に高くつくうえに、時間もかかるやり方だ。

SAPジャパンによれば、日本企業のかつての典型的なERP導入では、総費用のうちパッケージソフトの購入費は15％にすぎなかった。ハードウェアその他のインフラ費用が10％。あとの実に75％が、システムインテグレーション（SI）およびカスタマイズに充てられていたという（図表40）。この75％は当然ながら、発注主1社からしか回収できないコストだ。

たしかに、海外企業の多くも、90年代までは企業システムを自社用に製作させていた。しかし、今は違う。業務用システムについては、自社専用ソフトを「作る」のではなく、パッケージソフトを組み合わせて「使う」というのが、世界の主流になっている。日本だけが、世界の潮流から取り残されているのだ。

この世界的なトレンドには、いくつかの背景がある。順に見ていこう。

図表40 ● 日本企業の場合、カスタマイズ費用が全体の過半を占めることがよくある

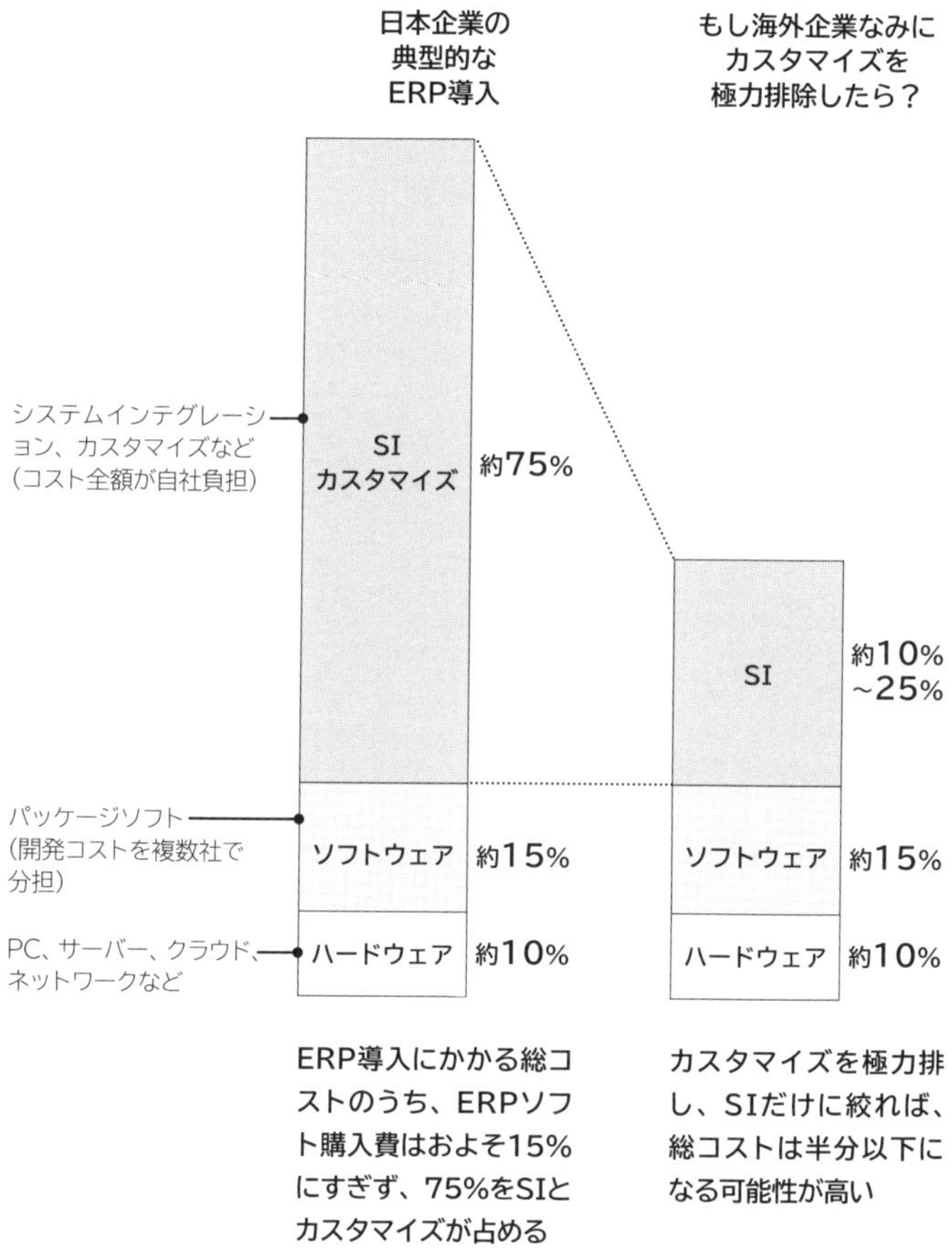

①パッケージの機能が上がった

1つめは、パッケージソフトのレベルが大幅に向上したこと。自社専用ソフトを開発せずとも、パッケージのＥＲＰで業務要件を必要十分に満たせるようになったからだ。住宅にたとえるなら、かつては熟練の大工と相談しながら建てていた注文建築に対し、プレハブ化・モジュール化された部材を組み合わせて短期間で建てられる木造住宅の品質が追いついたようなものだ。

かつては「汎用品」であるＥＲＰには必ず「帯に短しタスキに長し」という面があり、個社の要件に照らすとそのまま使うには苦しい面が少なからずあった。しかし多くのユーザー企業からのフィードバックを反映させて改良を続けている現在のＥＲＰは、機能・柔軟性ともに高い。帯にもタスキにも使えるようになってきている。だから、世界中にＥＲＰがこれほど普及したのだ。

②パッケージが存在している＝非競争領域

2つめは、（1つめとほぼ表裏一体であるが）基幹業務システムが差別化の武器になるとは見なされなくなっていること。ＥＲＰが普及して、世界中の企業が「3・0」をほぼ実現しているということは、その領域はすでに「非競争領域」になってしまっているのだ。ということは、わざわざコストと手間をかけて、同等のシステムを自社独自に開発しても意味がない。

日本企業には、基幹業務システムは自社にとって重要な知的財産のひとつであり、他社との差別化の源泉になるという考え方が根強かった。だが大局的に見て、それは本当だろうか？　実際には「2・5」のまま、取り残されていないだろうか？

その意味では2018年7月、トヨタ自動車が全社の財務会計基盤としてSAPのERPを導入すると発表したのは象徴的だった。トヨタ生産方式を生産以外の領域にも適用し、あらゆるプロセスの最適化に強みを持つトヨタでさえ、この部分ではパッケージを使うほうがよいと判断したのである。

③パッケージは早い

3つめは、システム構築にスピードがより求められるようになってきたこと。経済のグローバル化はどんどん進み、国境を越えた企業の合従連衡や業界再編も加速している。モバイルを活用した消費スタイルの広がりなど、経営を取り巻く環境の変化も激しくなっている。そうした状況下では、経営体制をフレキシブルに変革していかなければ、企業は生き残れない。当然ながら、企業システムも、そうした経営体制の変革に機動的に対応しなければならない。作成に時間のかかるスクラッチ開発では間に合わなくなっているのだ。

自社専用にスクラッチ開発する場合、要求仕様の検討、設計からプログラミング、テスト、稼働までの期間が、もし18カ月で終われば早いほうである。少し大掛かりな基幹システムともなれば、3〜4年かかることも珍しくない。かつての「部門システムの更改」であれば、そうしたスピード感でも、社内は待ってくれたかもしれない。だが外的要因は待ってくれない。

④将来への対応

4つめは、将来、つまりシステム稼働後の変化への対応の早さである。ハードウェアと違い、ソフトウェアは（0と1の電気信号の塊であるから）それ自体は経年劣化しない。しかし世の中が変化していけば、それに合わせた対応を必ず迫られる。

ひとつは法改正。消費税率の変更のようなわかりやすいものから、会計制度の変更のような大きなものまで、法改正があれば企業システムはその都度、対応を迫られる。しかも法律が成立しても施行の詳細は未定というケースもよくあるので、現地に根差した情報収集と対応が欠かせない。そしてもし20カ国で事業を営んでいれば、その手間は20倍である。

しかしパッケージを使っていれば、ベンダーが多くのユーザー企業を代表して対応するので、ユーザー企業はソフトをバージョンアップするだけでよい。たとえばＳＡＰ　ＥＲＰは会計では62カ国、人事制度では94カ国に対応する国別バージョンを提供しており、GDPベースではそれぞれ世界の94％、96％をカバーしているという（※パートナー企業による国別バージョン対応を含む）。

もうひとつは社会環境の変化。いちばんわかりやすい例はモバイル端末への対応だ。10年前、この世にはスマートフォンというものは存在しなかったから、そのころ独自開発した企業システムは当然PC画面にしか対応していない。ところが今では「モバイルファースト」とすら言われる時代だ。自社でスクラッチ開発しているシステムの場合はこうした対応も自社で全額負担するしかないが、パッケージならベンダーが（たとえばSAP　ERPの場合は38万社の）ユーザーに成り代わって対応するから、1社あたりの負担はごくわずかで済む。

そしてビジネス環境の変化はますます早く、激しくなっている。たとえば最近のERPは、AIによる処理の生産性アップをどんどん取り込みつつある。あなたの会社は自前でAIを直ちに取り入れる技能があるだろうか？

パッケージソフトを利用するとは、要はそうした環境変化への対応も含めて、「世界中の企業の標準《コモン》プラクティスに相乗りする」ということなのだ。

⑤ 世界市場への対応

5つめは、世界市場への対応だ。国内市場が縮小していく中、日本企業の多くは海外市場の開拓に力を入れている。製造業はもちろんのこと、これまでは内需依存型だった流通業やサービス業も海外事業の売上構成比が上がってきている。また日本企業がM&Aで海外企業をグループに取りこむケースも増えている。

そうした環境の中、日本人社員の発想で、つまり「ヒトが走る」ことを前提に、システムをスクラッチで作ったらどうなるか？　海外事業では回らないことは明らかだろう。

日本企業にとって「アウェイ」である海外市場において、「インダストリー3・0」に移行した海外のライバル企業と互角に戦うには、日本企業も情報武装をバージョンアップさせる必要がある。また、事業領域がグローバル化すれば、国内事業と海外事業を一元管理する企業システムが、経営のガバナンスのうえでも求められるようになるだろう。業務用システムでERPを「使う」という国際標準に適応することも、今後の日本企業にとって生き残りの条件のひとつになっていくであろう。

クラウド＝サーバー環境のパッケージ化

「作る」から「使う」へ、という同じ文脈でもう一点言及しておきたい。ソフトウェアを稼働させるハードウェア（サーバー）環境についてだ。

日本企業は欧米やアジア諸国に比べ、クラウドの利用率がまだ低く、オンプレミス（サーバーを物理的に購入し自社内に設置する）の割合が高い。これはつまり自社の情報システム部員を走らせ、「作って」いるということだ。いっぽう日本企業以外は、クラウドベンダーが用意し運用しているクラウド環境を「使って」いる割合が急速に増えている。

これは、本書で取り上げている他の話とまったく同じ構図で捉えることができる。昔から日本企業では、日本人社員が信頼できたので、自社のＩＴ部門の社員つまりヒトに頼る仕組みでよかった（海外ではそうした社員の質には頼れなかったので、次善の策として、クラウドベンダーに頼る仕組みがいち早く広がった）。ところが現在では、人手不足と現場への過負荷により、ヒトに頼れなくなりつつある。

いっぽうで（ソフトウェアと相似形を成して）クラウドという「サーバー環境のパッケージ化」が進んだ。①パッケージの機能が上がり、②非競争領域となり、③提供が早くなり、④将来の環境変化にも対応できるようになり、⑤グローバル対応ができ、そして何より割安になった。クラウドベンダーは、人員をはるかに手厚く投入しても、1000社、1万社から回収できるからだ。サイバー空間の脅威は高まるいっぽうだ。だが、あなたの会社に、サイバーセキュリティに関する世界レベルの専門家がいるだろうか？　クラウドベンダーはそうした人材を数十人、数百人単位で抱えているのだ。

「現場の声」を聞いてはいけない

前項の「作るから使うへのシフト」は、世界中で起きているトレンドである。

だが、こと日本企業においてはもうひとつ、別の、より重要な側面がある。それは「部門最適（2・5）」から「全社最適（3・0）」へ移行するための、言い換えると世界中の企業でもはや普通になっている標準《コモン》プラクティスを取り入れるための、「手段としての」パッケージ導入だ。

4章で見たように、日本企業が現場主導で、ボトムアップして積み上げ、あるいはカスタマイズを繰り返した「部門システム」はもはや限界に達している。ヒトが走るのを前提に、部門と部門の境目ではヒトによる手渡しが起きる現行の「2・5」システムをいつまでも続けることはできない。だが、ではどうしたら3・0化できるのか？　全社最適を実現できるのか？

現場まかせではいけない

繰り返し述べているように、日本的経営の最大の強みであった「現場優先」「現場主義」は、「能力」と「意欲」の高いヒト（社員）の人数が足りていることが暗黙の前提にあった。その前提はもはや成り立たない。労働力はすでに足りておらず、今後増える見込みもない。「人手不足」への対応は「人の追加投入」ではない。追加投入できるヒトはいないのだから。

根本対応はただひとつ、「人手をかけなくても仕事が回るようにする」こと。ヒトでなく、電子に走らせるしかない。つまり、現在ヒトがやっているタスクをソフトウェアにやらせるのだ。

そしてその際には、**現場の声を聞いてはいけない。現場に聞けば、「現状の仕事のやり方」を大前提として、それを部分的にカイゼンする方策しか出てこないからだ。**「郵便馬車に乗っている人たちに聞けば『もっと速い馬車が欲しい』と言っただろう」、という話と同じだ。決して「鉄道を敷こう」という発想は出てこないし、ましてや「ソフトウェアに代替させよう」ともならない。

たとえば4章で紹介した3つのストーリーでいうと、

●A氏（149ページ）の場合、現場から「ATPをつくってくれ」という声は決して上がってこない。既存業務に慣れた現場がそうしたイメージを持つことはないからだ。

●B氏（151ページ）の場合、現場から本社へのExcelリレーをスピードアップするために「メール送信でなくファイル共有にしよう」くらいは上がってくるかもしれないが、「IBPを入れて中期・短期計画と実績把握を同じシステムでやろう」という声は出てこない。なぜなら現場にとっては、「計画」とは本社の上のほうが作るものであり、現場の仕事とは見ていないからだ。

●C氏（156ページ）の場合、「すべてのリスクをゼロにするのはやめ、リスクを数値評価してインパクトが小さいものはそのまま維持しよう」と言えるのはトップだけで、現場が言えることではない。

90年代までのように、現場でヒトが走るという前提を変えず、より速く走れるようにするためのIT導入、なのであれば、現場に聞くのが一番よかった。「ヒトが走る」という根本は変えないのであれば、SIベンダーを呼んで、現場からヒアリングした既存業務の要件をまとめさせ、それをそのまま忠実に再現する仕組みを作らせればよかった。

しかしこれでは、ますますヒトが走ることになる。人手不足時代にはもはや許容できない選択肢だ。

ここで、あなたにとって難しいチャレンジなのは、「あなた自身も現場出身」であることだ。あなたが課長であれ役員であれ社長であれ、日本企業のリーダーはほぼ100%、「自社の現場出身」だ。人間、誰でも、自分がかつて経験してきたことをベースに発想してしまう。だが今、企業のリーダーたるあなたに求められているのは、「自分たちが経験したことのないこと」に取り組むことなのだ。

「現状維持」から「標準《コモン》プラクティス導入」へ

では、経験したことのないチャレンジを、どうやって成功させたらよいのか？　幸い、少なくともデジタル導入に関しては、前例・事例は多数ある。欧米やアジアの競合企業が、すでに10〜20年前から経験してきていることだからだ。日本以外の企業では、ヒトが走る前提の仕組みは使えなかった。だからヒトでなく電子に走らせる仕組みを編み出し、改善し、それが世界の大企業がこぞって採用している標準《コモン》プラクティスとなった。しかもその方法論は「パッケージ・ソフトウェア」という形になって、市販されている。「買ってくる」ことができるのだ。

おそらくその方法論は、あなたの会社の従来からのやり方とは異なる面が多くあるだろう。実は95%は同じだったとしても、同じ部分は目立たないので、5%も違ったら現場の目には「ぜんぜん違う」と映るかもしれない。だが、他に選択肢があるだろうか？　そうしたお手本を参考にせずに、「電子が走る時代への対応」を、早く、確実に、かつローコストで済ませることができるだろうか？（もし

それができていれば、あなたの会社では社員が走らず、電子が走る仕組みがすでに出来ているはずだ）

「パッケージは高い」「スクラッチ開発させてもコストはほとんど一緒だ」という声を聞いたことがあるかもしれない。だがあなたはすでにお気づきだろう。パッケージ導入とスクラッチ開発は、同列で比較できるものではない。

スクラッチ開発とは、ユーザー（つまりあなたの会社の現場）が出した要求仕様のとおりに、100%近くフィットするものを作ってくれる。しかし、ということは、現状のヒトが走る業務プロセスを忠実に固定化してくれるだけで、ヒトが走らないという方向には行かない。

いっぽうパッケージとは、世界中で使われている標準《コモン》プラクティスを取り入れ、全社最適を実現するために導入するものだ。つまりパッケージを買うとき、あなたが買っているものは、実はソフトウエアではなく、**ソフトウエアによって実現される業務ノウハウそのもの**なのだ。

現状の業務プロセスからは変更になる部分は必ずあるが、それは当然である。「現状の部門最適の解消→全体最適の実現」がそもそもの目的なのだから。

業務システムでは、100点を目指してはいけない

そしてそれは裏返すと、社内向けシステムでは「現場の要望に100％応えようとしてはいけない」ということでもある。

たとえばERPパッケージの場合、その機能がいくら上がったといっても、すべての企業に同じソフトウェアを提供している以上、100点満点が取れるということはあり得ない。**ERPパッケージの価値とは、どの企業でも**（さらにいうと、どの部門でも、また海外の子会社でも、すべてが同時に）**全体最適を実現し、経営視点で確実に90点以上を取れること**、である。

日本企業の現場は、自分たちが使っているシステムに愛着すら抱いていることが多い。たとえ日頃は「使いにくい」「遅い」といった不満が上がっていたとしても、いざそれをリプレースするとなると現場は反発することが多い。とくにベテラン社員は、長年カイゼンのアイデアを出し、仕事がスムーズに進むように作り上げてきたという自負があるからだ。現状維持がベストである、と主張することすらある。

だが、その自信は本当だろうか。ここ15年で、世界の企業システムは飛躍的に進化している。いっぽう日本企業の社員の大半は、ずっと同じ会社におり、他社を知らない。それなのに、現状維持がベストであると言い切れるのだろうか。

そうした社員から見れば、「90点ソフトウェア」であるパッケージのERPなどは機能が〝劣る〟ように見えるのは、ある意味当然である。だがそれを補って余りある全体最適という価値があるからこそ、ERPは世界で使われているのだ。そこで現場の声を聞きすぎるとどうなるか。

カスタマイズの嵐である。

カスタマイズは極力しない

前述したように、日本企業のERP導入の場合、総費用の75％が「SI（システムインテグレーション）」および「カスタマイズ」に費やされている。

この中でSIとは汎用品であるパッケージの機能と自社の業務要件をすり合わせるための必須かつ重要な作業だから問題はない。欧米企業の場合でもSIはパッケージ費用と同等かそれ以上にかかっていることが多い。

問題はパッケージ・ソフトウェアに対するカスタマイズである。あなたはこれを徹底的に排除するよう、最善の努力をすべきだ。なぜか？　理由はおもに2つある。

① 将来バージョンアップできなくなる

導入後の保守（環境変化に対応するためのソフトウェアのバージョンアップ）をベンダーが行ってくれることのメリットは大きい。ところがカスタマイズによってパッケージに手を入れてしまうと、多くの場合、バージョンアップできなくなる。なぜならバージョンアップをすると、カスタマイズした部分が失われ元の標準機能に戻ってしまうからだ。そして実際に、ソフトウェアのカスタマイズ部分を維持するためにバージョンアップをしない、という本末転倒な例はいくらでもある。

② 利益を生まないことが多い

カスタマイズ要求の多くは、現場が、「今の業務のやり方を変えず、そっくりそのまま再現する」、つまり現状維持のために上げてくるものであることが多い。それも「画面上の『Ｅｎｔｅｒ』ボタンの位置はこれまでも左下にあったから、右下でなく左下にカスタマイズしろ」といったレベルの要望すら多い。

だが業務システムである以上、議論すべきなのは、そのカスタマイズをすることによって、どれだけ利益が増えるのか？　である。将来にわたって増える利益が、カスタマイズ費用を上回るのであれば、それは検討する余地がある。だが利益は増えず、現場の満足度（実態は「現状維持度」）が上がるだけ、なのであればそれは本末転倒と言うべきだろう。

もちろん、汎用品を使う以上、自社の要望を100%叶えるというわけにはいかないケースもある。多少、合わないところがあるかもしれない。だがソフトウェアの場合は、その多少のズレをできる限りガマンして、カスタマイズせずに使ったほうがよい。

ちなみに2018年9月、経済産業省が発表した「デジタル・トランスフォーメーション（DX）についてのレポート」が大きな話題を呼んだ。〝ITシステム「2025年の崖」克服とDXの本格的な展開〟というサブタイトルのとおり、日本企業の既存業務システムのレガシー化に警鐘を鳴らす踏み込んだ内容となっていることは高く評価できる。

だが残念ながらこのレポートでもカバーされていない面がある。それは「レガシー化したシステムがなぜいけないのか？」についての言及がなく、単に「古いから（構築されてから年月が経っているから）悪い」という図式になっていることだ。

あなたにはもう、この答えがおわかりだろう。レガシー化したシステムがなぜ悪いのか？　それは現場の声を聞きすぎ、部門最適となることに構わず、（構築時点での）現状維持のためにカスタマイズがガッツリ入り、日進月歩で進んでいく世界の標準プラクティスを享受できないシステムになっているから、である。

正しいモチベーションを持てる人材配置を

日米の「IT人材」の所在

ちょっと視点を変えて、あえてIT企業の側面から眺めてみよう。あなたの会社はおそらくITシステムの「発注側」に当たるだろうが、「受注側」の視点に立つと見えてくるものもあるからだ。

日本企業と欧米企業は、情報システム部門の人員構成にも違いがある。簡単にいえば、日本企業は、社内にSE（システムエンジニア）などIT人材の数が少なく、外部企業（SIベンダーなど）を主に活用しているのに対し、欧米企業はITのプロ人材を社員として大量に直接雇用しているのが一般的だ。当然、情報システム部員の総数も、日本企業に比べ圧倒的に多い。

日本ではいわゆる「IT人材」の4分の3がSIベンダーなどの「IT企業」に属しており、「一般企業の情報システム部門」に所属しているのは4分の1にすぎないのに対し、米国では逆に4分の3は「一般企業の情報システム部門」に所属していると言われている。これは何を意味するのか？

ここで、日米の雇用環境の違いには留意する必要がある。米国のITプロ人材は、ひとつの領域（たとえばＳＡＰ　ＥＲＰシステムの導入）に絞ってキャリアを積み、その道のプロとしてプロジェクト単位で有期雇用され、システム導入が完了したら離職して次の（他社の）プロジェクトにまた雇用される、という形で数年おきに所属先を変えていることが多い。つまり正社員にカウントされてはいるが、実際にはプロジェクト単位での雇用である。

いっぽう日本のＩＴプロ人材は、ＳＩベンダーに正社員として所属したまま、受託した顧客企業のＥＲＰ導入プロジェクトに配属され、それが完了したらまた次のプロジェクトに、という形でその道のプロとしてキャリアを積んでいく。したがってこの点では一見、日米にはあまり違いがないようにも見える。所属が異なるだけで、プロジェクト単位で〝異動〟している点では同じだからだ。

カスタマイズ抑制モチベーションがあるのは

ところが非常に大きな差が出るところが、ひとつだけある。それは社員としてのＫＰＩ（評価指標）、モチベーションの違いだ。

たとえば現場ユーザーが「現場の希望に合わせて画面をこうカスタマイズしてほしい」と言ってきた場合にどう反応するか？

米国の場合、ＥＲＰシステム導入担当者のＫＰＩはまず第一に「ＥＲＰプロジェクトを期間内、予算内に収めること」だ。しかも彼らは正社員とはいえ、実際には有期雇用で、プロジェクト成功のためだけに雇われている。したがって彼らのモチベーションはコスト＝カスタマイズ要望を極力抑える方向に働く。「それって本当に必要なんですか？　本当に？　それだけで何万ドルも費用がかかるんですよ？」という対応をするだろう。

いっぽう日本の場合、ＳＩベンダー社員のＫＰＩは真逆だ。カスタマイズが増えれば増えるほど、自社の売上が増える。もちろん顧客プロジェクトの予算は気になるだろうが、本質的なモチベーションとしては売上が増えるほうがプラスに決まっている。したがって「カスタマイズですか？　はい喜んで！」という反応になるのは当然だ。そういうＫＰＩを持っている相手に、カスタマイズ抑制を期待するほうが間違っている。

カスタマイズによってできる限り「現状維持」をしようとする現場と、それに抵抗するモチベーションのないベンダーが組み合わされば、カスタマイズはどんどん膨らんでいく。結果として、前述のように、かつての日本企業のＥＲＰ導入ではＳＩ＋カスタマイズが総費用の75％を占めてしまっていたわけだ。

この流れを変えることができるのは、経営者だけだ。パッケージを利用して高品質な全体最適を実現する、という強い意志を経営者が示すことなく、現場とベンダーに任せてしまえば、「新しいレガシーシステム」がまた作られるだけである。

ＩＴエンジニアの社員化を

このカスタマイズの件に限らない。

あなたの会社は、これから、「デジタルの力」を戦力化していかなければならない。つまり「ヒトでなく電子を走らせる」という技量を身につけなければならない。

しかもそれは、最初のうちは、きっと現場からは喜ばれない。業務がきちんと回り出せば、ヒトが走らなくてはならないケースは減り、現場もその効果に喜ぶだろう。だがそれが見えてくるまでの1〜2年、現場からは文句が出るかもしれない。「もっと速い馬車をくれと言っただけだ、鉄道なんか求めていない」と。

だがそうしなければ、将来どころか、数年先も危ないのは、あなたももうご存じだろう。現場が先を見通せていないのは現場の責任ではない。彼らは日々、必死に走ってくれている。先を見通して判断を下すのは、企業リーダーたるあなたの仕事だ。

そしてその際には、ＩＴエンジニアを右腕として雇うべきだ。専門的知識なしで立ち向かうべきではない。有期雇用でも構わないし、別ベンダー（カスタマイズが増えれば売上が増えるＳＩ発注先とは別の会社）から調達してもよい。１００％あなたの側に立って、一緒に考え進めてくれるというモチベーションを持った専門家を雇う。投資銀行やＭ＆Ａなどの業界では、別企業からアドバイザーを雇うのは常識だが、考え方は同じだ。

SAPからのあとがき

本書が生まれたきっかけは、「モノのインターネット」という奇妙な日本語に接したことです。IoT（Internet of Things）の訳語ですが、違和感を持たれたことはなかったでしょうか。英語のThingsにはモノだけでなくコトも含みますし、Internetとはインター・ネットワーキングつまり相互接続のことで、いわゆる「インターネット」のことではありません。つまり本来は**「モノ・コトの相互接続」**とでも訳せばよかったのです。

ところが。もしこれが英語圏の国であれば、仮におかしな訳が作られても、「それは違うよ」と他の国から指摘してもらえる可能性があるでしょう。しかし日本語を使っているのは日本人だけなので、日本人以外から「それって変だよ」と指摘してもらえることはありません。**日本人が気づかなければ、そのままになってしまう**のです。

SAPのようなグローバル企業の日本法人で勤務していると、ほかにも、よく見えてくるものがあります。たとえば、「なぜ日本人はこんなに長時間、一生懸命に働いているのに、1人あたりGDP

では世界25位になってしまったのか?」という問いに対する明解な答えを、私は見た記憶がありません。しかし他国のデジタル活用の事例を日々見ていれば、その答えは明らかです。ヒトに頼れないかわりにソフトウェアに頼り、電子を走らせることで着々と生産性を上げている各国企業に対し、日本人がいくら懸命に走ったところで、勝ち目はありません。

最近は「働き方改革」の掛け声も盛んですが、その内容を海外の同僚に説明するのにも苦労します。「武器も手段もなしに、勤務時間だけが短くなるわけないだろう?」とごくまっとうなことを言う彼らに、こちらは言葉が詰まってしまいます。

こうした**「日本人だけが知らない日本のデジタル活用の特異性」**、そして**「なぜそうなったのか」**。これを日本社会に提示してみたい。このコンセプトをプレジデント社にご相談したところ、力強いご賛同をいただき、本書の出版に至りました。本書の各章では、そうした、日本国内ではなぜか意識されていない、でも日本企業にとって必要と思われる視点、をご説明したつもりです。「なぜ」そうなのか、が腹に落ちれば、対策も立てられます。

もちろん私たちSAPジャパンも、書籍を書く、つまり「口で言う」だけでよいと思っているわけではありません。課題先進国・日本の社会の一員として、社会課題に積極的に取り組み、その解決に貢献していきたい。

日本企業と日本社会に今必要な、でも他社は取り組んでいない、われわれこそが成すべき活動は何か？と考えた上で始めた取り組みが、**ビジネス・イノベーターズ・ネットワーク（BIN）**と**Inspired.Lab（インスパイアド・ラボ）**です。

BINは本書で解説したような「デジタル・イノベーションの力」に気づいて、自社や社会を変えていこうという志を持った、これからの日本を作っていくリーダーたちのコミュニティです。

BINのメンバーは、コマツ・LANDLOGをはじめとする大手企業の変革リーダー、それから、地方自治体（福井県鯖江市、沖縄県沖縄市ほか）、大学（慶應義塾大学大学院経営管理研究科ほか）、スタートアップ、ベンチャーキャピタルなど、多様なメンバーが参加しています。さらにシリコンバレーから、SAPのスタートアップ・アクセラレーターであるSAP.iO（エスエーピー・ドットアイオー）の機能も持ってきます。

なぜこのような取り組みになったのか？もちろんそれは、日本企業の従来の「ビジネス思考」の枠を超えたイノベーションを触発し加速させるためです。

たとえば、従来から「ビジネス思考」に基づいた経営革新はやってきているので、それとは違うアプローチを試したい、という企業には、6章でご紹介した「デザイン思考」の手法でファシリテートするとともに、BINの多様なステークホルダーを巻き込んでサポートできます。。

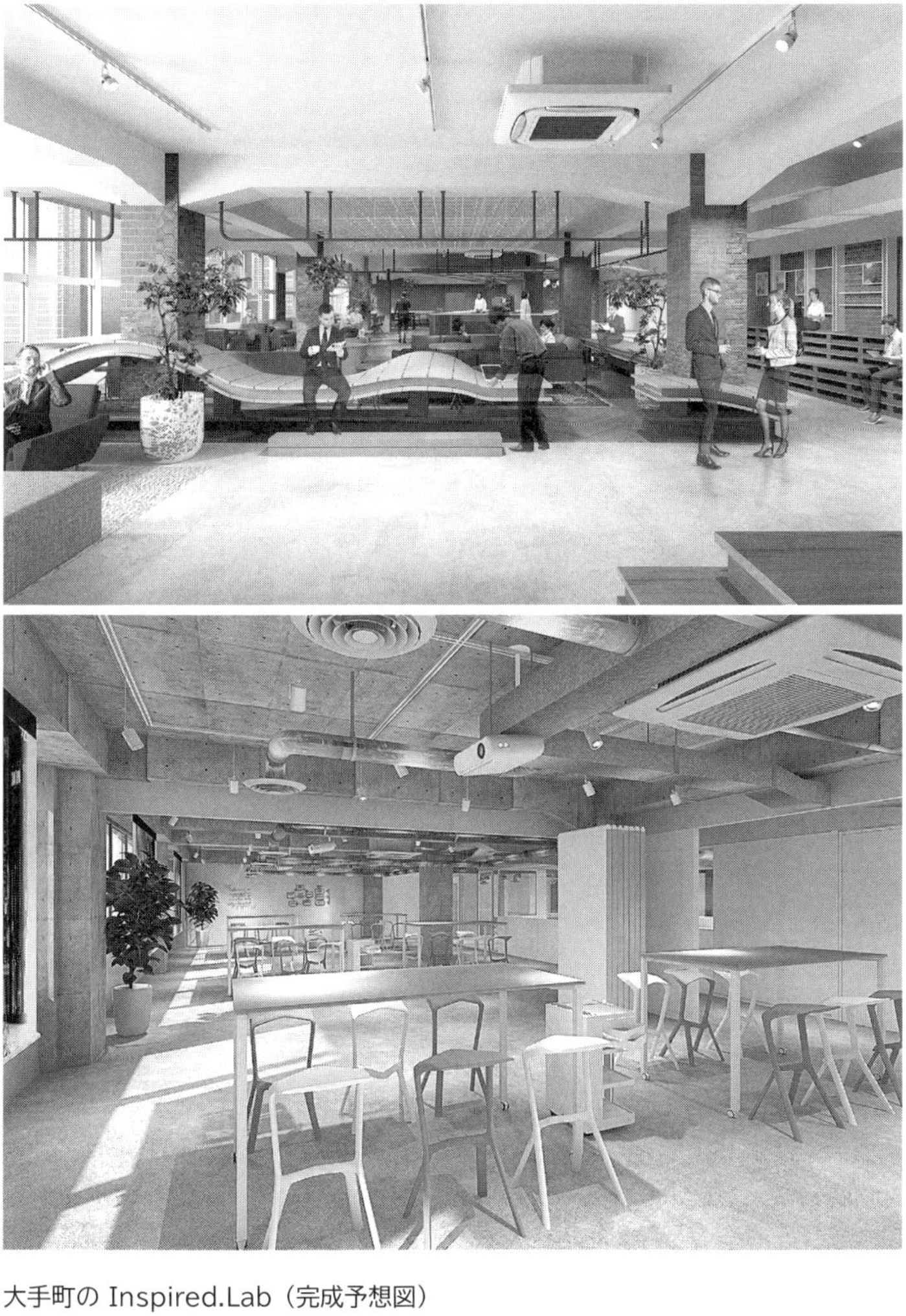

大手町の Inspired.Lab（完成予想図）

またこれまで自社とは付き合いのなかった業界の企業と組んで事業を開発したい、というニーズがあれば、ＳＡＰはほぼすべての業界のお客様、それもＩＴ部門だけでなく事業部門トップや経営層など意思決定者とのコンタクトも多いので、そうした方々とおつなぎすることができます。

また技術的なフィジビジリティ・スタディをしたいフェーズであれば、技術スタートアップとつなぐことができますし、実証実験を行うためのフィールドが必要であれば、そうした取り組みに積極的な自治体とつなぐことができます。

いっぽうInspired.Labは、そうした志を持ち、日々活動していくメンバーが、物理的にも近くにいることで、取り組みを加速させようという試みです。三菱地所さんとご一緒させていただき、２０１８年12月、東京・大手町に開設します。他にも多くあるコワーキングスペースとは一線を画し、ＢＩＮの多様なメンバーが集うのみならず、メンバーどうしの出会いとイノベーションを触発する場、として運営していきます。

本書の執筆・編集においては、プレジデント社の金久保徹氏、向山勇氏、野澤正毅氏に大変お世話になりました。ご尽力に深く感謝申し上げます。

お忙しい中、インタビューに応じていただいた皆様にも心からの感謝を申し上げます。

また本書企画をサポートし支援してくれたSAPジャパン社長の福田譲を初め、多くの同僚から協力を得ました。とくに原弘美、坪田駆、丸山勝史、渡辺康雄、高橋浩二、原尚嗣、福田勝美、赤川有美、松村浩史、大池康文、高橋正直、鈴木章二、川崎徹、大我猛、明石宗一郎、川村元紀、宮本卓、松井昌代、舟木将彦、池谷道子、Andrea Anderson, Deepa Iyer, Maren Christin Hueblに、心からの感謝を伝えたいと思います。

SAPジャパン　村田聡一郎

Why Digital Matters?
“なぜ”デジタルなのか

2018年12月14日　第1刷発行

編者	プレジデント社 企画編集部「経営企画研究会」
監修	村田聡一郎（SAPジャパン）
発行者	長坂嘉昭
発行所	株式会社プレジデント社 〒102-8641 東京都千代田区平河町2-16-1 平河町森タワー13階 http://www.president.co.jp/ https://presidentstore.jp/ 電話：編集 03-3237-3733 販売 03-3237-3731
販売	桂木栄一、高橋 徹、川井田美景、森田 巌、末吉秀樹
装丁	水橋真奈美（ヒロ工房）
撮影	村越将浩
写真提供	SAPジャパン
校正	株式会社ヴェリタ
製作	関 結香
編集	金久保 徹、向山 勇、野澤正毅
印刷・製本	大日本印刷株式会社

ISBN978-4-8334-5130-7　Printed in Japan